ARQUEOLOGIA DA DIFERENÇA SEXUAL

A MULHER NA ANTROPOLOGIA DE TOMÁS DE AQUINO

Catalogação na Fonte
Elaborado por: Josefina A. S. Guedes
Bibliotecária CRB 9/870

N972a
2024

Nunes, Marcus Vinicius de Souza
Arqueologia da diferença sexual: a mulher na antropologia de Tomás de Aquino / Marcus Vinicius de Souza Nunes. – 1. ed. – Curitiba: Appris, 2024.
132 p. ; 21 cm. – (Ciências sociais).

Inclui referências.
ISBN 978-65-250-5799-6

1. Estudos da sexualidade. 2. Identidade de gênero. 3. Teoria Queer. 4. Biopolítica. I. Título. II. Série.

CDD – 305.42

Livro de acordo com a normalização técnica da ABNT

Appris editora

Editora e Livraria Appris Ltda.
Av. Manoel Ribas, 2265 – Mercês
Curitiba/PR – CEP: 80810-002
Tel. (41) 3156 - 4731
www.editoraappris.com.br

Printed in Brazil
Impresso no Brasil

Marcus Vinicius de Souza Nunes

ARQUEOLOGIA DA DIFERENÇA SEXUAL

A MULHER NA ANTROPOLOGIA DE TOMÁS DE AQUINO

PREFÁCIO

O livro de Marcus Vinicius de Souza Nunes, *Arqueologia da diferença sexual: a mulher na antropologia de Tomás de Aquino*, é inovador por diversas razões. Ao contrário do que comumente ocorre em trabalhos de filosofia, Souza Nunes não tratou de comentar a obra magna de um só autor, analisando suas principais teses e conceitos. Em seu livro, utiliza-se das teorias contemporâneas pós-estruturalistas, sobretudo a arqueologia da biopolítica e a noção de sistema sexo-gênero, respectivamente de Giorgio Agamben e Judith Butler, para desenhar uma arqueologia da diferença sexual na *Summa Teológica* de Tomás de Aquino. Seria essa profanação ainda mais grave considerando-se o principal autor do seu trabalho, Tomás de Aquino, um escolástico?

Como explica na introdução, a sua posição não abandona a perspectiva histórica. Por fazer uma arqueologia da diferença sexual utilizando-se da análise pós-estruturalista do discurso, mantém-se dentro da metodologia usual da história da filosofia, a saber, a análise interna ao texto. Um outro aspecto importante e inovador do trabalho é a crítica a autores como Thomas Laqueur, Joel Birman, Uta Ranke-Heinemann e Judith Butler. Todos compartilham a tese, especialmente detalhada no livro de Thomas Laqueur, *Inventando o Sexo – corpo e gênero dos gregos a Freud,* segundo a qual a diferença sexual teria surgido a partir do século XVIII, após as revoluções burguesas. Para esses autores, a biologização da vida que se dá a partir dessa época serve à finalidade política de manter as mulheres em um lugar de menoridade e subalternidade. Afinal, se as sociedades revolucionárias europeias questionavam as hierarquias sociais em nome da igualdade humana, por que não abolir também a hierarquia entre homens e mulheres?

De acordo com a tese difundida por esses autores, até o final do século XVIII predominava a tese aristotélica de acordo com a qual a mulher seria uma versão imperfeita, acidental, do homem; seu aparelho reprodutor (vagina, útero, ovários) era visto como um pênis invertido. Com as descobertas biológicas acerca do funcionamento dos cromossomos e hormônios ficou claro que havia uma diferença sexual. Tratava-se de dois sexos, e não de um. Mas o patriarcado foi fortalecido na medida em que se considerou que a diferença sexual era também uma diferença de natureza/essência, ou seja, as mulheres eram biologicamente predestinadas ao matrimônio e à maternidade, e os homens ao trabalho e à atuação pública.

Contrariando esses autores, Souza Nunes, na sua *Arqueologia da diferença sexual,* mostra o quanto esta já estava, na verdade, presente anteriormente, no século XIII, nos escritos de Tomás de Aquino. Cabe aqui diferenciar, como faz o autor, a visão biológica da visão naturalista do sexo. O escolástico trata da diferença sexual a partir do ponto de vista da natureza visivelmente diferenciada da mulher, sua capacidade de gestação, e não da biologia.

> A ideia que defendo é que na obra de Tomás, mais especificamente na antropologia tomasiana, tal como a lemos na *Summa Theologiae*, nos deparamos com a articulação de um dispositivo que produz discursivamente a diferença sexual como ontologicamente inscrita no ente humano. (Nunes, 2024, p. 21).

Fica claro pelo uso do termo "dispositivo" que Souza Nunes apropriou-se aqui da compreensão butleriana da categoria "sexo" como resultado de "dispositivos discursivos", para pensar a diferença sexual na antropologia tomasiana. "Dispositivo", portanto, nada natural, como tradicionalmente se afirma. Desnaturalizar o sexo é condição para entendermos os mecanismos ideológicos por trás da opressão de gênero.

A análise do discurso da antropologia tomasiana permite a Souza Nunes apontar para a inferiorização da mulher por meio de uma perspectiva androcêntrica do ser humano. "A produção da diferença sexual se realiza a partir da produção da 'mulher' (*mulier, femina*) como uma categoria ontológica de diferença e ordenada funcionalmente à geração como serviço prestado ao **gênero humano**." (Nunes, 2024, p. 23). Vê-se aqui que a mulher é o "outro", o "diferente", que serve ao "gênero humano", isto é, ao homem, por meio do seu papel de gestora. Observa-se aqui o uso de outra ferramenta da análise discursiva da antropologia tomasiana, a biopolítica. Souza Nunes segue Agamben em sua tese de acordo com a qual a biopolítica não começa no século XIX, como afirma Foucault, mas é muito anterior. Ao longo de toda a metafísica ocidental sempre houve um corpo excluído (o imigrante, o judeu, as mulheres, o estrangeiro, o negro). Essa exclusão é onto-política, pois acompanha a construção de uma ontologia diferenciada para o ser completo, em oposição ao ser inferiorizado, e essa diferença é o que autoriza a sua eliminação, a biopolítica. A biopolítica não é uma forma de governo da vida, mas sim de administração da morte. Nesse sentido, a determinação na antropologia androcêntrica tomasiana da mulher como o outro do ser humano, isto é, o outro do *vir*, tem um caráter onto-político, ou biopolítico, servindo à exclusão, à marginalização, daquelas vidas nuas, que valem menos.

Saúdo o trabalho de fôlego de Marcus Vinicius de Souza Nunes, que nos mostra aqui o quanto os estudos de gênero são abrangentes e podem ser abordados ao longo de toda a história da filosofia – em especial quando se utiliza a ferramenta da análise crítica do discurso.

Rio de Janeiro, 27 de maio de 2023.

Prof.ª Dr.ª Susana de Castro

Departamento de Filosofia – UFRJ

APRESENTAÇÃO

Se hoje nos perguntamos como se deram mais de três séculos de escravidão no Brasil, uma empreitada colonizadora de exploração e tráfico humano, sustentada pela manutenção de um *status quo* entranhado nas instituições – ou ao menos legitimada por elas –, exploração tão persistente, duradoura e funesta, fica clara a dificuldade que temos para, muitas vezes, saírmos da caverna de Platão, ou de um estado de completo torpor e cegueira, permitindo-nos distinguir e enfrentar a realidade construída por nós próprios em suas vicissitudes.

A violência possui diversos formatos, cores e caras. Também a naturalização da violência, que atua como um véu, ou uma espécie de névoa a encobrir as nossas experiências, tornando a realidade turva, ou, por que não, menos real em todo o potencial de vida que ela pode ter.

O presente trabalho não deixa de nos comover. Pela sua força em buscar desvelar a insensibilidade que por muito tempo vem acobertando uma violência tomada como natural, ou que sequer é percebida como tal: a ideia da diferença sexual – que se desdobra em múltiplas ações e experiências – com caráter opressor.

Iniciemos esta apresentação com um grande recuo no tempo, para além da escravidão nas bandas de cá, das Américas, e de suas mazelas. A filosofia medieval pode nos parecer por demais distante, no entanto o livro que você tem em mãos nos mostra a perpetuação, pelo tempo, de dispositivos de poder que atuam na história do presente. Já não mais falamos apenas das Américas, mas do Ocidente e sobre aquilo que se toma por "universal".

Escrever a respeito do pensamento de um filósofo consagrado, canonizado e venerado como tal, e questionar-se a respeito do alcance e envergadura de seu legado, não é tarefa fácil. Nessa empreitada, o autor deste livro, simultaneamente à minuciosa análise que apresenta da célebre *Suma Teológica*, por meio do olhar à antropologia tomasiana e ao *locus* da mulher, articula e encadeia habilmente a formação de um dispositivo de poder que nos impregna e permanece atuante. Com isso, realiza-se também algo importante: temos restituídas a Tomas de Aquino a sua própria humanidade e a necessidade de seu reconhecimento.

Se a história da Filosofia em sua narrativa androcentrada, tal como estamos tão acostumados, apresenta-se como uma história "linear", e por assim dizer "homossexualizada", outra seria a história não linear e tampouco androcentrada que caminha "ao lado". O presente texto contribui para a reconstrução dessas histórias, sua ressignificação e comunicação. Sim, a Filosofia com seus célebres autores também é um campo marcado pela misoginia.

A par disso, lancemos um olhar ao foco principal deste livro: a construção androcentrada dos conceitos de mulher e de diferença sexual, realçada no âmbito de uma arqueologia do sujeito moderno.

Em outras palavras, o autor apresenta uma arqueologia filosófica da diferença sexual, partindo do conceito de "mulher" (*mulier, femina*), tal como encontramos na antropologia de Tomás de Aquino, apresentada na *Suma Teológica*. Quanto ao enquadramento teórico da pesquisa, o autor recorre a Judith Butler e à teoria queer, como a Giorgio Agamben e à arqueologia da ontologia a fim de realizar uma análise do discurso em chave pós-estruturalista.

A aplicação desse instrumental irá indicar, conforme mencionado, que na antropologia tomasiana se encontra a fundamentação ontológica de uma diferenciação, formada desde o estabelecimento do conceito de mulher. Mas vejam bem, não se trata aqui de uma distinção qualquer. O problema aqui é estarmos diante da ideia de uma diferença hierarquizada que impõe desigualdade de gênero. Eis a tese fundamental deste trabalho: a diferença sexual fundamenta a violência e possui matriz androcêntrica.

Se há um salto da antiguidade para a modernidade, em que o século XVIII é apontado como o lugar do nascimento da diferença sexual, este trabalho vem preencher uma lacuna, explicitando que essa noção já estava dada no cristianismo, por meio da divisão sexual e ontológica. Assim, em Tomás encontra-se uma antropologia que opõe homem e mulher e os hierarquiza. Este trabalho irá cercar e localizar o momento dessa formação discursiva e reconhecer como ela é possível, uma vez que a mulher surge como um outro ontologicamente segundo.

Vê-se ainda que Tomás tenta uma solução de compromisso entre as exigências de sua teologia, a biologia aristotélica e uma ontologia emergente, na qual a diferença sexual é compreendida como finalidade inscrita na natureza humana. A análise dos conjuntos de enunciados dessa teoria demonstra que a formação desse paradigma irá corresponder a um dispositivo onto-político e de gênero. Este, por sua vez, resultará em violência, na exclusão de outras formas de sexualidade e no predomínio de uma visão de mundo androcentrada.

Compreender esse dispositivo em suas várias facetas mostra-se como condição para torná-lo inoperante. Isto é, conforme as palavras do próprio autor, "identificar uma arché da violência e do domínio sobre a vida dos singulares é o primeiro passo para pensar uma outra ontologia que escape ao caráter prescritivo de uma ontologia pretensamente naturalista e descritiva".

Simultaneamente busca-se explicitar que não é Tomás de Aquino quem irá inventar um discurso sobre a mulher no cristianismo (ele não é o mais pessimista com relação à mulher, nem o mais otimista), discurso que é reproduzido e citado ao longo do tempo. Mas busca-se enfatizar que o pensamento tomasiano sobre esse tema representa simplesmente um momento dessa formação discursiva.

O cerne da pesquisa encontra-se no Capítulo 4, intitulado "A produção da mulher" (nome da questão 92 da 1.ª parte da *Suma Teológica)*, em que se apresenta uma ontologia da diferença sexual radical. Todavia, vale ressaltar o principal, essa ontologia diz não apenas o que somos, mas o que deveríamos ser: a constrição e compulsoriedade de uma norma, de um dever ser, estabelece-se ontologicamente.

Assim, temos uma diferença sexual hierarquizada entre homem e mulher e um discurso hierarquizante. Paradigma de um dispositivo de gênero onto-político, em que há um que submete e outro que é submetido*: a mulher como a serviço corpóreo, a serviço físico e reprodutivo da espécie humana.* A mulher é constituída como um outro do varão, em um lugar de sujeição e passividade produzida.

Na antropologia androcentrada de Tomás ao homem cabe a vida contemplativa. A perfeição do ser humano é a do *vir*, nele as potências e mais nobres obras se realizam, a vida intelectual e contemplativa. Novamente, à mulher cumpre a função de mero auxílio em uma área específica da vida humana, a reprodução. Dessa maneira, o presente texto se propõe, ao modo de uma genealogia filosófica, a esquadrinhar a violência real e atuante que captura subjetividades e seus processos de constituição.

O autor sustenta que o conceito da diferença sexual não é resultado apenas das descobertas das ciências biomédicas a partir do Séc. XVIII, que passam a reconhecer dois sistemas morfológicos distintos: o masculino e o feminino. Já em Tomás há um conjunto de enunciados que buscam justificar e afirmar a radicalidade ontológica da diferença sexual. O dispositivo de gênero em Tomás é a condição da possibilidade de enunciados que se farão sobre a diferença sexual no Séc. XVIII. Antes que um discurso sobre a sexualidade e o gênero se formulasse sob o ponto de vista morfológico, já havia um conjunto de enunciados ontológicos em que a marca da diferença aparecia.

Por fim, pode-se dizer que não obstante haja em Tomás certo avanço em relação à Antiguidade e às teorias clássicas, em que a mulher era considerada macho falho – conceito que ainda se move no paradigma do sexo único –, a teoria da diferença sexual não representa um avanço e melhora ampla da sua condição. Ao contrário, como irá enfatizar o autor deste livro, Tomás compreende a submissão das mulheres aos homens como em benefício das primeiras e da espécie.

Passemos a palavra ao próprio autor. Nas páginas adiante será possível acompanhar o engendramento de uma diferença sexual hierarquizante e o "nascimento da mulher" como um sujeito outro do varão, isto é, um sujeito inferior, a partir da localização de um dispositivo de dominação e de subserviência. A busca de uma ontologia da não sujeição passa por seu reconhecimento.

Prof.ª Dr.ª Mariana Paolozzi

Departamento de Filosofia – UFSC

SUMÁRIO

INTRODUÇÃO

Os estudos que se dedicam à filosofia medieval encontram em seu caminho uma série de dificuldades particulares que, via de regra, são diferentes daquelas encontradas em outras pesquisas. O estudioso desse campo da filosofia é considerado, no mais das vezes, um "historiador". Essa não é uma pecha. Ao contrário, tem evidentes méritos, sobretudo porque reconhece o fino trabalho necessário, que passa desde a compreensão gramatical das línguas em uso (em geral, variações da língua latina) até um amplo conhecimento histórico, geográfico e cultural que situa o autor pesquisado e a importância de sua obra. Contudo, o diálogo entre o pensamento medieval e o mundo contemporâneo sempre é considerado difícil, ou mesmo impossível.

Soma-se – ainda hoje! – a alcunha de "medieval" a tudo o que se considera atrasado ou retrógrado. Ademais, no Brasil e nas Américas, alguns consideram supérfluos tais estudos. Não compreendem o vínculo, evidente ao medievalista, entre a nossa cultura latino-americana e brasileira com as ideias "superadas" do Velho Mundo, nem percebem o quanto ainda somos condicionados por paradigmas emersos em tal período.

Outras dificuldades ainda se apresentam. Talvez a principal seja reconhecer a autonomia do pensamento filosófico nas obras dos autores do medievo. Suas obras são eivadas da reflexão teológica, dado que a maioria desses autores debate no âmbito da *justificação da fé*, ou *apologia fidei*, talvez o gênero literário mais comum nesse longo período de mais de mil anos. O pensamento iluminista e pós-iluminista tem sérias limitações em reconhecer a validade e a pertinência filosófica das perguntas teológicas. Assim, buscar frutos de argumentação filosófica no pensamento medieval seria um trabalho inócuo, porque só se encontrariam afirmações advindas de preconceitos religiosos e sofismas teológicos.

Não obstante, o cenário tem lentamente se modificado ao longo do século XX e neste início de século XXI. O Neotomismo e a Neoescolástica (duas coisas de fato muito diferentes) têm estado entre as escolas mais profícuas nesse período. Claro, o Neotomismo de Jacques Chevalier, de Étienne Gilson, de Emmanuel Mounier, ou a Neoescolástica de Alceu Amoroso Lima no Brasil são abertamente ligados à Igreja Católica. É, em suma, um movimento de leigos católicos. Isso, porém, não impede que um de seus maiores expoentes, o francês Jacques Maritain, tenha participado na elaboração da *Declaração dos direitos humanos*, com a contribuição de sua perspectiva *personalista*, característica eminente dessa nova fase da Escolástica.

Mais recentemente, na década de 1990, no mundo anglo-saxão, surge o Tomismo Analítico. Menos preocupado com os problemas específicos advindos do Catolicismo, e focado nos problemas levantados pela Filosofia Analítica, o movimento, que conta com nomes importantes como John Haldane, Elizabeth Anscombe, John Finnis, Alasdair McIntyre, tem recorrido à filosofia de Tomás para responder perguntas candentes no campo analítico: o que é a mente? O que é a linguagem? O que é ética? É possível uma ética de virtudes? Como pensar a relação corpo-mente? A metáfora computacional é adequada para compreender o funcionamento genético? Quais são as condições do conhecimento? São de âmbito mental? Além desses, no exterior e no Brasil são realizados muitos estudos no campo da lógica, que abordam essa disciplina tão importante na formação medieval, desde a perspectiva da permanência de seus problemas e respostas.

Tal movimento representa a possibilidade de uma reflexão pertinente desde a filosofia de Tomás, mas também de outros filósofos que são também recuperados, como Duns Scotus, Alberto Magno e os de tradição judia e muçulmana, como Averróis, Avicena, Maimônides. Mais que um trabalho historiográfico, tais autores têm sido utilizados para a construção de argumentos renovados, para responder problemas contemporâneos.

Além disso, importante trabalho tem sido feito por inúmeras pesquisadoras e pesquisadores que se aplicam na revisão da história androcentrada da filosofia. Por um lado, procede-se à reformulação do cânone filosófico, reapresentando nomes que haviam sido deixados à sombra da história, como Hildegard von Bingen, Christine de Pizan, Marguerite Porete, além do pensamento das beguinas Hadewijch de Antuérpia, Matilde de Magdeburgo e Beatriz de Nazaré. Por outro lado, muitas pensadoras têm se dedicado à leitura do cânone antes androcentrado, fazendo uma leitura feminista da tradição[1].

A posição adotada por mim nesta pesquisa não abandona a perspectiva histórica. Tampouco dá um passo em direção ao método do tomismo analítico que, em certo sentido, desconsidera a posição temporalmente determinada de certas construções discursivas na obra de Tomás de Aquino, como de outros escolásticos. Coloco-me, como será explicitado no Capítulo 1, no campo do que chamo uma "análise pós-estruturalista do discurso", com todas as dificuldades que implica definir um método com essa fórmula um tanto abstrusa.

Explico-me. A minha pretensão é fazer neste texto uma "arqueologia da diferença sexual". O sintagma é carregado de implicações teóricas e metodológicas. Ao dizer que faço arqueologia ponho-me na linha teórica pós-foucaultiana, mais expressamente, na arqueologia filosófica de Giorgio Agamben, e no método genealógico e desconstrutivista da Teoria *Queer* de Judith Butler.

Assim dito, minha perspectiva é à vez interna e externa ao texto. Interna porque não abandona a técnica utilizada no trabalho de história da filosofia, que basicamente se constitui no método de *explication du texte*: ler criticamente, explicar o que é dito e interpretar atualizando seus conceitos, categorias e noções para o leitor. É o que fazem Butler e Agamben, guardadas as devidas diferenças que serão oportunamente explicitadas. Esse método, solidamente fixado nas academias de filosofia no Brasil e pelo mundo, sobretudo entre aqueles que professam uma orientação próxima à chamada *Filosofia Continental*, tem a intenção de situar os problemas filosóficos na

[1] A produção nesses campos, tanto da renovação do cânone, quando de sua crítica em perspectiva feminista, é vasta e diversificada. Limito-me a indicar duas obras que trabalham nessas perspectivas. *Cf.* SCHMIDT,
A. R.; SECCO, G. D.; ZANUZZI, I. (org.). **Vozes femininas na filosofia**. Porto Alegre: Editora UFRGS, 2018. *Cf.* CHOUINARD, I.; MCCOUNAGHEY, Z.; RAMOS, A. M.; NOËL, R. (org.). **Women's perspectives in ancient and medieval philosophy**. Los Angeles: Springer, 2021.

ampla história do pensamento. O problema atual é iluminado pela tradição e a tradição ganha outra significação a partir da demanda que se lhe faz.

Isso posto, por que buscamos fazer essa arqueologia em Tomás? Os Estudos de Gênero (*Gender Studies*), campo multidisciplinar recente na história do pensamento, preocupam-se com a genealogia do que aqui chamamos *dispositivos de gênero*. As noções de feminilidade e masculinidade, papéis sociais, relação sexo/gênero, tudo isso é colocado em questão. Sobretudo a Teoria *Queer*, considerada como uma fase ulterior das teorias feministas e dos Estudos de Gênero, desde uma abordagem pós-estruturalista, enraizada em Foucault, Deleuze, Kristeva, Derrida, Lacan, mas também dialogando com outros autores de outras escolas e movimentos, como a Teoria Crítica e o Idealismo, radicaliza tais questionamentos. Mesmo a diferença sexo/gênero, em que um lado do binômio representaria o "dado natural", os "fatos" biológicos, e o outro lado o processo social, ético, político e psicológico da produção das identidades, não se sustenta na crítica *queer*. Não há fato puro fora da linguagem. Essa é uma premissa elementar tanto da Teoria *Queer* quanto da arqueologia que aqui faço. Isso não significa, de modo algum, uma recusa total da realidade intrínseca dos objetos, ou a redução de todo saber à linguagem. Não é um idealismo grosseiro. Tampouco é uma recusa das ciências naturais e de seus métodos. O que proponho, desde o método adotado, é colocar as pretensas diferenças naturais e objetivas em foco. Como se constroem? Quais enunciados são condição de possibilidade para que se forme tal saber (uma pergunta no fundo foucaultiana)? Como é possível uma compreensão do fenômeno sexo/gênero a partir de um enquadramento epistemológico de uma diferença sexual binária? Que ontologia lhe foi **prescrita**?

As genealogias da diferença sexual tendem a reconhecer o século XVIII (a "Época Clássica" foucaultiana) como o período em que se estabelece uma diferença radical entre os sexos, desde a constituição de saberes científicos e médicos que se desenvolvem no período. Antes disso vigeria uma biologia de cunho aristotélico, que compreenderia a sexualidade e o gênero como um *continuum* do qual o macho é o exemplar perfeito e a fêmea o exemplar defeituoso. Essa é a opinião partilhada, entre outros, pelo historiador Thomas Laqueur (2001), pelo psicanalista Joel Birman (2016), pela teóloga e historiadora Uta Ranke-Heinemann (2019), e mesmo por Judith Butler (2019).

Há, a meu ver, um salto teórico, comum entre todas essas perspectivas. Elas não se detêm na Escolástica e, sobretudo, naquele que é considerado seu expoente, Tomás de Aquino. Mas o que haveria de especial na sua obra que lançaria luz aos Estudos de Gênero e à arqueologia da diferença sexual? A ideia que defendo é que na obra de Tomás, mais especificamente na antropologia tomasiana, tal como a lemos na *Summa Theologiae*, deparamo-nos com a articulação de um dispositivo que produz discursivamente a diferença sexual como ontologicamente inscrita no ente humano. Se, por um lado, Tomás adota a biologia aristotélica – e essa é uma opinião tão generalizada que chega a constituir uma espécie de "senso comum filosófico" –, por outro ele fornece os elementos para pensar uma diferença sexual radical. Por conseguinte, creio que devamos reconhecer na obra tomasiana uma conciliação entre essas duas perspectivas que "prepara o caminho" para o saber científico e médico que se estabelecerá cinco séculos depois.

É sobejamente conhecida a importância de Tomás de Aquino para o desenvolvimento da teologia cristã e para a ética sexual do Cristianismo. Ele, por exemplo, é o único teólogo a figurar no *Código de Direito Canônico* da Igreja Católica Romana, como o "patrimônio perene da filosofia e da teologia". Sobre seu pensamento se estruturou a chamada segunda Escolástica, a doutrina que predominava entre filósofos, teólogos e juristas ibéricos à época da conquista das Américas. Sobre sua filosofia, ou ainda contra ela, Descartes erigiu seu método. É sobre ela, ou mesmo contra ela, que as academias de filosofia europeias deram origem ao Esclarecimento, como uma resposta à "filosofia da Escola". Ignorar sua importância para o pensamento ocidental, para a justificação da violência colonial, e, no nosso caso, para a imposição de uma norma de sexo/gênero, é saltar por cima do autor que, junto a Platão, Aristóteles e Agostinho, está na gênese da mentalidade pré-moderna e pré-iluminista que ainda se insinua.

Antes de finalizar esta introdução é importante ressaltar certos aspectos que são essenciais para que os leitores não se decepcionem, ainda que toda leitura sempre comporte certo nível de frustração. Primeiro, deixamos clara a nossa abordagem do texto: não falamos de texto **tomista**, mas de texto **tomasiano**. Essa distinção não é de menor importância. O termo tomista significa a leitura de Tomás dentro de uma tradição específica: inaugurada pelos seus confrades dominicanos logo após sua morte, continuada na Segunda Escolástica (Séc. XVI), revivificada na retomada de Leão XIII (Séc. XIX), como texto fundamental da formação teológica e filosófica católica, ressignificada no Neotomismo e na Neoescolástica (Séc. XX), até chegar em sua última formação que é o Tomismo Analítico. Não censuro nem recuso essa tradição. Vou a ela em outros escritos, considero-a em minha pesquisa. Mas aqui, neste texto, ponho-me fora dela. É a tentativa de tomar o texto da *Suma* nele mesmo e com um instrumental teórico contemporâneo aproximar-me em busca de coisas que ali não são lidas pela tradição.

Uma segunda "advertência" é quanto a esse mesmo instrumental teórico. As obras de Agamben e Butler não são o objeto da pesquisa, mas as ferramentas para fazê-la. Isso redundará – não o duvido – em claro prejuízo na leitura e interpretação desses dois autores. Mas esses são os riscos de toda apropriação teórica. De Butler tomo a premissa básica desta investigação: gênero e sexo são categorias performativas, citadas ao longo de séries de reiterações discursivas, na medicina, nas ciências, no direito, na filosofia, na ética, na religião. Não há, portanto, gênero natural nem sexo natural no sentido que afirmamos anteriormente: todo acontecimento "natural" é um acontecimento na linguagem.

Em Agamben é possível perceber uma noção semelhante de performatividade. Para o filósofo, é necessário liberar a ontologia da cisão entre ser e práxis, entre potência e ato, entre essência e existência. Essas cisões formaram no Ocidente o que ele chama "máquinas bipolares". Tornar essas máquinas inoperantes é liberar o singular para sua própria singularidade, um acontecimento vindouro em que a vida coincidirá com sua forma, não mais se submetendo a normas outras (do direito, da religião, da ética, que no fim são o mesmo). Para compreender como uma ontologia diferente dessa da máquina biopolítica do Ocidente é possível, é necessário antes fazer uma "arqueologia da ontologia", que não se recusa a passar pela história da teologia cristã, importante momento do seu desenvolvimento. Essa arqueologia questiona como se formaram certos paradigmas, certos conjuntos de enunciados que articulam a vida. Uma das perguntas fundamentais desse método é entender a força da norma. Por que as pessoas obedecem?

Claro que existem diferenças entre a obra desses autores. Isso, creio, não é prejudicial à pesquisa. É na articulação mesma da diferença do instrumental que está a sua força e funcionalidade. Permitirá, a mim e ao leitor, extrair diferentes significações dos mesmos enunciados, reconhecer os limites do paradigma, tornar inoperantes as construções discursivas e tentar liberar a ontologia do seu caráter prescritivo.

O texto que temos em mãos está dividido em três capítulos, além desta introdução e da conclusão. No primeiro capítulo apresento as definições de categorias que formam os "enquadramentos teórico-metodológicos" que utilizo. Ali se encontrará uma definição do objeto da pesquisa, sua situação epistêmica, a viabilidade e o interesse da pesquisa. Apresento ainda os métodos de Butler e de Agamben, indicando de que maneira serão usados e quais categorias são mais importantes para a leitura.

O segundo capítulo apresenta brevemente o paradigma teológico de Tomás de Aquino, sua antropologia e o lugar que ocupa na *Suma Teológica*. Feito isso, passo à leitura e à interpretação de enunciados sobre a "mulher". Aqui ingressamos no centro desta pesquisa. A produção da diferença sexual se realiza a partir da produção da "mulher" (*mulier, femina*) como uma categoria ontológica de diferença e ordenada funcionalmente à geração como serviço prestado ao

gênero humano. Sua antropologia é androcentrada, isto é, centrada na experiência masculina. Mas não só isso. A diferença sexual não visa, de maneira alguma, ao reconhecimento de um *status* específico das mulheres, mas é um dispositivo que chamo "onto-político", que visa assegurar a permanência de certas estruturas de dominância e violência.

O terceiro capítulo analisa a Questão 92 da *Primeira Parte* da *Suma*, chamada "A produção da mulher". Ali, em quatro artigos, encontramos concentrada toda a ontologia da diferença sexual tomasiana. Nela o Aquinate apresenta por que existe a diferença, o que compreende que seja sua finalidade, suas características. Ali iremos buscar os compromissos teóricos firmados para sustentar o dispositivo onto-político. Deter-se em cada sentença dessa questão, acompanhar-lhe a construção argumentativa, é indispensável para quem quiser compreender como em Tomás se articula ontologicamente aquilo que será realizado econômica e politicamente pelo capitalismo, corporal e psiquicamente pelas ciências modernas.

Quero destacar aqui uma opção estilística que fiz na escrita deste texto: o uso da primeira pessoa do singular. Há um "eu" pervasivo, que se insinua em cada página, em cada parágrafo. É uma maneira de mesclar o rigor acadêmico e filosófico com a pessoalidade das questões que me tocam. A filosofia é sempre algo que toca. Esse tocar não é uma concessão sentimental, ainda que afetiva. O limite é tocado. A coerência das identidades é tocada. Os dispositivos são tocados. Um toque que é ele mesmo pervasivo, invasivo e quando não violento, porque desobra (*désoeuvre*) a operação da violência. Além disso, vez ou outra, insinua-se uma primeira pessoa plural, quando te convido a partilhar um gesto, a fazermos juntos um movimento filosófico.

No mais, devo reconhecer que toda obra filosófica tem as suas limitações, dificuldades e mesmo equívocos. Esta não seria diferente. Não é uma obra definitiva, nem da filosofia nem do seu tema. Nem pode ser uma obra definitiva. A sua maneira de ser, o seu estilo, é justamente a inoperância. É obra que desobra desde dentro.

A POSSIBILIDADE DE UMA ARQUEOLOGIA DO CONCEITO DE "MULHER"

DEFINIÇÃO DO OBJETO

A nossa pesquisa tem um objetivo relativamente modesto. Queremos nos aproximar do texto da *Suma Teológica* (2005) do filósofo e teólogo Tomás de Aquino e elucidar uma categoria dentro de um campo nocional de uma única disciplina filosófica: a categoria "mulher" na antropologia tomasiana.

Assim enunciado, quem lê este texto poderia crer que não haveria muita coisa a mais para ser dita. Sabemos o que buscar (o conceito) e onde buscar (a obra). Sabemos até os limites precisos onde podemos buscar nosso objeto (dentro do campo da antropologia), como também o modo de fazê-lo (aproximar-se por meio de leitura interpretativa). Mas a filosofia é o saber que nos alerta para o perigo das facilidades e da ingenuidade. Cremos que tanto o autor de um texto filosófico tem a tarefa de expor suas razões, métodos e objetos com a maior precisão possível, quanto quem o lê tem o direito de exigir não ser enganado. A filosofia, embora comporte dificuldades intrínsecas que perturbam a paz natural da linguagem, não tem de ser por isso insidiosa. Nada além do que o objeto exige, nada menos do que deve ter.

Por isso o presente capítulo se oferece como um exercício metodológico de explicitar qual é objeto da pesquisa, os objetos secundários, as opções teóricas, os métodos de leitura e análise adotados. Importa sublinhar, contudo, que em filosofia as opções teórico-metodológicas nunca são extrínsecas ao procedimento mesmo de fazer filosofia. Este capítulo, por conseguinte, não é um aparte anexado de alguma forma ao núcleo duro de nossa pesquisa. Ao contrário, é ele também núcleo duro e deve ser encarado como rigidamente filosófico.

Como já apresentamos, nosso objeto pode ser enunciado como a elucidação do conceito de mulher na antropologia de Tomás de Aquino tal como aparece na *Primeira Parte* da *Suma Teológica* (doravante S. Th. I)[2]. Antes de tudo, é preciso destacar que não há, no texto tomasiano mesmo, uma **antropologia** assim definida e categorizada. Há, sem dúvida, uma preocupação com a origem e o destino do gênero humano, preocupação aliás partilhada com toda a tradição teológica do Cristianismo, desde os primeiros Padres da Igreja.

Assim sendo, não podemos esperar ou exigir de Tomás a definição em termos explícitos do limite de uma ciência antropológica ou de uma antropologia filosófica como uma rígida disciplina já constituída, com seu método próprio estabelecido. A *Primeira Parte* da *Suma* é um grande tratado sobres as bases da teologia acadêmica, sobre suas principais questões e sobre uma longa articulação dos primeiros *loci theologici* do tomismo: a natureza da doutrina, a existência de Deus em si mesmo (teologia imanente, ou doutrina da Trindade), a ação de Deus no mundo (Criação), a emergência do gênero humano, sua meta-história teológica (a Queda), e o seu destino.

Ao propor reconhecer a articulação de um dispositivo de gênero no interior da antropologia tomasiana não afirmo que nos deparamos com um saber já estabelecido, que basta ser indicado, com proposições claras e precisas. Ao contrário, ponho-me em uma atitude de suspeita sobre a própria constituição dos limites de uma ciência, tentando rastrear os jogos dos enunciados, advertindo quando é possível buscar unidades que se vão formando, estabelecendo-se paulatinamente e que representarão no futuro um conjunto coerente de saberes, com os custos que a coerência impõe. Ainda que mais à frente vá precisar com mais clareza o método utilizado, é importante já aqui ressaltar que proponho ler o texto desde uma análise do discurso de inspiração pós-estruturalista. Mas o que isto significa?

> O pós-estruturalismo projeta o limite sobre o interior do conhecimento e sobre a nossa compreensão esta-

---

[2] Todas as citações da *Suma Teológica*, bem como outras eventuais citações da obra de Tomás, são citadas conforme o uso do *corpus thomisticum*, organizado pelo Dr. Enrique Alarcón e disponível em: http://www.corpusthomisticum.org/. Acesso em: 1 jun. 2023.

> belecida da verdade e do bem. Ele faz isso de maneira radical. Ou seja, o limite não é comparado com o centro, nem equiparado a ele, nem lhe é dado algum tipo de papel moderador, no sentido, por exemplo, da maioria pondo-se à escuta de minorias. Antes, a alegação é de que o **limite** é **o cerne**. (Williams, 2013, p. 15, grifo no texto).

Não devemos pensar que vamos rastrear uma ciência já pronta. Antes, descreveremos como em um conjunto aparentemente coerente de enunciados encontramos rupturas, compromissos, cessões, esquecimentos, abandonos. É, em certo sentido, a pergunta foucaultiana: não quais são as séries de enunciados positivos sobre dados também positivos, mas como se constituem séries de séries de enunciados (Foucault, 2008).

A antropologia que buscamos é, por conseguinte, um conjunto de enunciados que opera por seleção e exclusão. São essas opções que serão destacadas. Por que tais formações discursivas são reiteradas? Por que tais articulações discursivas e não outras? Trata-se de perceber como se formou essa antropologia tomasiana e não nenhuma outra. O texto tomasiano constitui uma específica compreensão do ente humano a partir dessa articulação discursiva que chamamos dispositivo de gênero. Por isso, não importa buscar a intenção do autor, ou pensar essa série discursiva como encadeada com outras séries em uma relação de causa e efeito. Não dizemos que a ontologia tomasiana **causou** uma específica compreensão androcentrada, seja no Cristianismo ou no Ocidente como um todo, ou que é o **efeito** de uma antropologia já estabelecida. A ontologia da *Suma* é apenas uma possibilidade efetivada de encadeamentos de enunciados.

Associado aos métodos de Butler e Agamben, como a seguir veremos, esse caminho de reconhecer as opções dos enunciados nos permitirá reconhecer as reiterações discursivas e as assinaturas repetidas que estabelecem limites ao que se entende, e se prescreve, como sendo o gênero humano.

Nesse caso, importa considerar o papel desempenhado pela **diferença sexual**. Ela opera como um limite prescrito às possibilidades de conformação da experiência psíquica e corporal do ente humano. Há um poder de coerção nos discursos da diferença sexual, um poder que compele, obriga, impele, define, delimita. Claro, à palavra associam-se os efeitos da violência real, corporal, política. As perspectivas abertas pelas várias formas dos feminismos decoloniais nos demandam romper com a noção de uma mulher tomada em abstrato. O projeto colonial supõe a concepção de um sujeito universal abstrato que se impõe e que exclui as experiências subjetivas plurais. O feminismo abstrato desconsidera essa pluralidade e não destaca o fato que a obediência ao discurso é resultado da violência real sobre corpos outros: femininos, racializados, ou que não conformam o que se espera dos sujeitos marcados pela diferença sexual.

> A proposta do feminismo decolonial é romper com qualquer noção de ponto de partida universal comum, abstrato, para o feminismo. Primeiro, não é possível falar em nome da mulher em abstrato, como propõe o feminismo tradicional, já que a experiências de vida e de história das mulheres são culturalmente diferenciadas. Segundo, por baixo do machismo ainda há uma outra opressão, mais violenta e que lhe serve de base, o racismo colonial. Enquanto habitantes da periferia do capitalismo mundial, o povo brasileiro é ainda hoje obrigado a ceder seu imaginário de desejo ao imaginário consumidor do capitalismo global, pois todas as formas alternativas de sociabilidade e expressão cultural não hegemônicas, isto é, não europeia-norteamericana, são consideradas inferiores e, por isso, estigmatizadas. (Castro, 2020, p. 215).

A perspectiva decolonial nos recorda que junto à violência bruta opera a colonialidade do ser, com a imposição de uma visão de mundo, de uma cosmologia e ontologia específicas, e de sistemas de relações sociais baseadas no dimorfismo binário do sistema sexo/gênero, garantido pelo poder patriarcal. Contudo, essa matriz de poder não se gerou durante e na colonização exclusivamente, mas veio se consolidando na Europa até alcançar a forma em que foi espalhada pelo mundo, em que sexo/gênero e raça operam sempre de maneira interseccional.

Segundo María Lugones (2008), é impossível separar o sistema sexo/gênero do sistema de dominação colonial. É essa ontologia que prevê, mesmo entre os colonizadores, uma hierarquia rígida, que justificará o domínio como benefício para os povos conquistados nas Américas. Para a autora, apenas compreendendo como as relações de gênero e sexo se produziram é que se poderá entender a ontologia que funda o exercício do poder baseado na divisão racial, que o sistema moderno/colonial.

> Problematizar el dimorfismo biológico y considerar la relación entre el dimorfismo biológico y la construcción dicotómica de género es central para entender el alcance, la profundidad, y las características del sistema de género colonial/moderno. La reducción del género a lo privado, al control sobre el sexo y sus recursos y productos es una cuestión ideológica presentada ideológicamente como biológica, parte de la producción cognitiva de la modernidad que ha conceptualizado la raza como "engenerizada" y al género como racializado de maneras particularmente diferenciadas entre los Europeos-as/blancos-as y las gentes colonizadas/no-blancas. La raza no es ni más mítica ni más ficticia que el género – ambos son ficciones poderosas. (Lugones, 2008, p. 44).

Todavia, é preciso esclarecer a distinção dos enfoques. Se nos perguntamos pelas práticas de violência e dominação, a questão fundamental é como práticas discursivas se inscrevem como práticas corporais. Assim posta, a reflexão filosófica deve obrigar-se a reconhecer todo o aparato colonial que é agente intelectual, psíquico e físico de violências que impuseram uma determinada norma de gênero. Dessa maneira, a filosofia precisa fazer uma genealogia das inscrições corporais: quem são os sujeitos que perpetram a violência? Quais são os sujeitos objetificados na repressão física, na opressão de sua cultura e suas formas de vida?

Nesta pesquisa não dou esse passo. Considero-o, porque sem esse horizonte é impossível desobrar o dispositivo: essa é uma tarefa que exige a participação total da corporeidade. Aqui, contudo, localizamo-nos no passo anterior. Pomo-nos no momento da constituição dos enunciados utilizados para justificar essa violência real. É, por isso, uma **arqueologia**, porque quer surpreender o momento da constituição dos limites epistêmicos. Não me ponho, por conseguinte, na posição de reconhecer os atos particulares de violência real (o que é uma tarefa indispensável), mas na articulação discursiva que diz: "eis aí uma mulher! Eis aí a diferença irrecusável que lhes falo!".

Para o historiador Thomas Laqueur, a concepção naturalista da diferença sexual tem uma data de nascimento relativamente recente. É apenas no século XVIII, com a descoberta de características morfológicas específicas, que a diferença sexual passa a substituir a diferença de papéis de gênero na constituição da dominação masculina na sociedade. Assim dito, dá-se um passo de um tipo de justificativa cultural, política e mesmo teológica da diferença entre homens e mulheres para uma justificativa de tipo biologizante.

> Ou, de outra forma, o trabalho cultural que no modelo de uma só carne fora feito pelo gênero, passava agora para sexo. Aristóteles não precisava dos fatos da diferença sexual para fundamentar sua afirmação de que as mulheres eram inferiores aos homens; isso decorria da verdade a priori de que a causa material é inferior à causa eficiente. Naturalmente, na vida diária homens e mulheres eram identificados por suas características corporais, mas a afirmativa de que a geração do macho era a causa eficiente e da fêmea a causa material não era, em princípio, fisicamente demonstrável; era em si uma reafirmação do que significava ser homem ou mulher. A natureza específica dos ovários ou do útero era, portanto, apenas incidental para definir a diferença sexual. No século XVIII as coisas mudaram. O ventre, que era uma espécie de falo negativo, passou a ser o útero - um órgão cujas fibras, nervos

> e vascularização ofereciam uma explicação e uma justificativa naturalista para a condição social da mulher. (Laqueur, 2001, p. 191).

A concepção de Laqueur passa pela divisão entre os papéis de gênero e a diferença entre os sexos. Assim, enquanto as funções sociais masculinas e femininas eram suficientes para marcar uma rígida estratificação, uma possível diferença entre os sexos era considerada apenas de maneira acidental. Não importava, naquela concepção, que o útero fosse apenas um pênis invertido, ou que os ovários fossem testículos atrofiados. Homens e mulheres eram politicamente diferentes, e essas diferenças acidentais pouco importavam.

O psicanalista Joel Birman corrobora uma concepção semelhante. Para ele não se pode pensar em diferença sexual estritamente antes do século XIX e da descoberta dos hormônios e seu papel na sexualização dos corpos como masculinos ou femininos.

> Assim, se a democracia ateniense da Antiguidade construiu o paradigma do sexo único, no qual as mulheres tinham um estatuto ontológico e social inferior ao dos homens, a nova democracia advinda da Revolução Francesa procurou fundar na natureza biológica as inserções sociais diferentes entre os sexos. Com efeito, se a antiga democracia grega foi constitutiva da tradição patriarcal no Ocidente – sendo então a política identificada com o universo do masculino e o panteão religioso dominado por divindades masculinas -, a moderna democracia transformou efetivamente os fundamentos até então inquestionáveis do poder patriarcal, mas manteve inalteradas as fontes do poder masculino. Para isso, entretanto, foi necessário forjar um novo discurso, precisamente sobre a diferença sexual, pelo qual o homem e a mulher teriam **finalidades e inserções sociais** bastante diversas, em consequência de suas naturezas diferenciadas e irredutíveis uma à outra. (Birman, 2016, p. 49).

A diferença sexual seria então o resultado de uma reviravolta nas hierarquias políticas do Ocidente. As velhas tradições de estratificação social, originadas segundo Birman na Antiguidade grega, não se sustentavam mais em uma sociedade que desnaturalizou os estamentos sociais. Essa reviravolta, porém, não alcançou os papéis de gênero, que então passariam a ser justificados por meio de outro expediente teórico: a diferença entre os sexos. Mulheres seriam naturalmente mais fracas e por tal deveriam ser limitadas ao serviço doméstico. Os homens seriam, dada a constituição biológica e hormonal, mais propensos à atividade e por isso mais aptos à vida política.

Antes de seguir adiante é necessário destacar um mérito dessa concepção. Nela a conformação do gênero e da diferença sexual se alia às transformações políticas. Mais que isso, a insistência em diferenças entre homens e mulheres tem a finalidade de garantir diferenças políticas reais: direitos de participação, de exercício da vida pública, dos quais as mulheres foram excluídas.

Contudo, recuso essa opção teórica por três motivos. O primeiro é que, na esteira talvez ainda da segunda onda dos Estudos de Gênero, consideram gênero e sexo como realidades, ou ao menos como categorias epistêmicas, distintas. Como a Teoria *Queer* nos permitirá ver, o gênero não é uma realidade construída socialmente ao lado de uma realidade biológica do sexo que é simplesmente constatada. Ainda que os autores indiquem a íntima vinculação entre a categoria sexo e as transformações políticas, ao reafirmarem que os dispositivos de dominação política só recentemente necessitaram fazer uso da diferença sexual como artifício de justificação, acabam por corroborar que gênero diz respeito a papéis sociais e sexo à realidade (factual ou discursiva) biológica. Esta pesquisa, ao contrário, indica que sexo/gênero é um binômio no qual nenhum dos termos pode ser considerado em separado. Ainda que a ideia do sexo único tenha perseverado por longo tempo na cultura ocidental, é na articulação entre esses termos que se formou o dispositivo onto-político de violência e dominação. Vale dizer, sexo é uma realidade (discursiva) de incidência social. Reconhecer sua importância apenas quando há uma noção biológica de diferença é negar que os fatos da gestação, do parto, da criação dos filhos, e da corporeidade feminina foram objeto de discursos e de práticas ao longo da história. Ademais, é preciso destacar que esses fatos são, intrinsecamente, fatos na linguagem e que se efetivam em uma determinada forma social do discurso.

O segundo motivo de recusa é a equalização entre **naturalismo** e **biologia moderna**. Cumpre notar que, mesmo que a concepção do sexo único tenha uma longa história no Ocidente, e que a mulher fora pensada nessa concepção em termos de acidente (e não de substancialidade), isso não significa que não houvesse uma concepção de tipo **naturalista**. Confundir naturalismo com biologicismo é possível apenas em um enquadramento epistemológico positivista. Ao contrário, uma breve mirada na história da biologia nos mostra que, embora a diferença fosse resultado de um acidente, os fatos da geração, do parto, da corporeidade feminina eram elementos constituintes de uma teoria fixista, na qual a sexualidade dos animais, entendida sob a noção de reprodução, era uma marca irrecusável. Assim, a reprodução, mesmo na biologia aristotélica, responde a causas **naturais**, embora não sejam hormonais, ou morfológicas no sentido contemporâneo. A variação da diferença entre os corpos, ainda que não constitua uma diferença sexual radical, corresponde a essas causas naturais. A pesquisa sobre a antropologia tomasiana evidencia que antes que se formasse um conceito médico e biológico, já existia uma ontologia da diferença sexual, que deve ser levada em consideração no desenvolvimento dos conceitos a ela relativos.

O terceiro motivo de minha recusa é o salto epistêmico e histórico. Tanto Laqueur como Birman vão da Antiguidade grega para a Modernidade como se nenhum desenvolvimento conceitual se tivesse operado pelo caminho. Ainda que não possa tratá-lo devidamente neste texto, desde a Patrística até a Escolástica (isso para não mencionar o Helenismo) vários filósofos e teólogos se debruçaram sobre a noção de diferença sexual, mesmo que não reconheçam como seu operador algum fato biológico radical. É em Tomás de Aquino, todavia, que podemos descobrir uma articulação entre a filosofia aristotélica e a teologia cristã que formarão os elementos discursivos para uma ontologia da diferença sexual radical.

É isso o que aqui quero tratar. Obviamente, não há em Tomás uma biologia nos termos modernos, nem uma ciência em termos positivos. Mas há um jogo de enunciados que nos permite identificar o processo de constituição de limites, como anteriormente mencionamos.

> Trata-se de uma ciência, no sentido aristotélico do termo, isto é, de um conjunto de enunciados, coordenados entre si e que se referem a um tema determinado. É justamente esta determinação que dá a tal ciência sua unidade. (Nascimento, 2011, p. 69).

A arqueologia da diferença sexual, que será mais bem precisada em seu método à frente, insere-se nessa determinação e coordenação que garante a unidade. A que custas foram produzidas séries de enunciados sobre a mulher? A que se ligam esses enunciados? O que excluem? Qual dispositivo se articula neles? Quais dispositivos os possibilitam? Como a categoria mulher se torna um articulador da diferença? A que se presta essa diferença?

São muitas questões. Antes de tratá-las é importante rastrear outras séries de enunciados que, como já afirmamos, não podem ser considerados causas da antropologia tomasiana, mas que são reiterados nela, seja na forma da afirmação seja na da exclusão. O que se diz no Cristianismo sobre a sexualidade? Que papel a categoria mulher ocupa nesse discurso?

SEXUALIDADE E CRISTIANISMO

Dizer que no tópico que agora segue apresentarei, ainda que breve, uma história da sexualidade no Cristianismo seria uma temeridade. É assunto para muitos volumes de obras históricas, filosóficas e teológicas. Não está nem nas possibilidades factuais, nem de método ou ainda de escopo fazê-lo aqui. O que apresento a seguir são algumas séries de enunciados sobre a sexualidade em alguns textos cristãos (filosóficos e teológicos) que antecedem Tomás de Aquino e que são condição de possibilidade de sua antropologia.

Para melhor apresentar as séries discursivas mencionadas, é necessário clarificar algumas noções. Primeiramente, o que se entende aqui por **condições de possibilidade**. Reiteramos: não se trata de buscar ligações causais entre a filosofia e a teologia anteriores a Tomás e aquelas por ele feitas. Não obstante, podemos delinear alguns enunciados que são reiterados, formações discursivas que parecem se repetir e que conformam uma experiência que podemos chamar **sexual**. Nela se enquadram dois tipos de fenômenos que, como já mencionamos, são distintos, mas não separados. De um lado, temos a preocupação manifestada sobre todo um regime de práticas e discursos sobre o ato sexual, seus fins, seus meios, seus modos, sua regulação e liceidade, que paulatinamente foram tomando boa parte da ética cristã até se tornarem a principal pauta moral no casuísmo intimista e subjetivista de modernas escolas de espiritualidade e teologia moral. De outro, temos as relações homem-mulher como assegurando e sendo asseguradas por aquele conjunto crescente de práticas e discursos normativos sobre a sexualidade.

É preciso repetir, esses dois polos da sexualidade no Cristianismo se misturam e se condicionam mutuamente. Como veremos na antropologia tomasiana, mas já em outros *loci* da ética sexual cristã, regular as práticas sexuais passa por uma regulação minuciosa dos discursos sobre as mulheres e sobre os lugares que elas ocupam ou não ocupam no interior da Cristandade[3].

Segundo Uta Ranke-Heinemann, primeira professora universitária de teologia católica do mundo (em 1969, na Alemanha), toda

[3] É difícil escolher o termo adequado nesse caso. Poderíamos dizer "o lugar que ocupam ou não **na igreja**", mas isso seria presumir um lugar público e oficial na instituição eclesiástica, o que passa longe de ser a verdade. Poderíamos, ainda para manter o termo igreja, pensá-la sob a noção teológica de **eclesialidade**, o que inclui todos os batizados. Mas isso seria um erro por dois motivos. Primeiro, porque ultrapassa o limite rigidamente filosófico do método aqui proposto fazendo recurso a uma noção teológica como conceito eficiente, e não como uma formação discursiva. Segundo, porque não apenas as mulheres efetivamente cristãs estão incluídas na forma de uma exclusão no sistema-Cristandade. Todas as mulheres indígenas, negras, pagãs, judias, que estiveram sob o domínio das nações cristãs estiveram sob o império desse sistema. O termo Cristandade, não obstante suas dificuldades históricas, é o que melhor dá conta do que quero aqui destacar: a existência de uma forma cultural constituída por e ao mesmo tempo constituinte daqueles enunciados. Aqui interessa pensar a Cristandade enquanto se forma **em um** discurso sobre a sexualidade.

a história da sexualidade no Cristianismo – e sobretudo na Igreja Católica – é um contínuo avanço da exclusão da mulher do lugar de sujeito do discurso e de práticas socialmente reconhecidas. Ao contrário do que uma leitura mais "otimista" da história poderia nos levar a crer, para Ranke-Heinemann as mulheres têm sido cada vez mais colocadas para fora da estrutura Igreja. A passos lentos, uma possível ruptura incoativa do Cristianismo com o modelo patriarcal greco-romano, pela inclusão das mulheres em espaços de liderança dentro das primeiras comunidades cristãs, deu lugar a uma monossexualização da Igreja, até aquilo que ela chama "homossexualização" da Igreja. É uma sociedade de iguais, que só aceita os iguais, por um laço erótico que une poder patriarcal e misoginia.

Contudo, para Ranke-Heinemann é um erro considerar que o pessimismo sexual é uma invenção cristã. Nesse sentido, os Padres da Igreja não fizeram nada a não ser conservar e reelaborar em chave cristã aquilo que o mundo greco-romano já afirmava sobre a sexualidade.

> Não é verdade que o Cristianismo trouxe o autocontrole e o ascetismo ao mundo pagão que se deliciava com os prazeres e com o corpo. Pelo contrário, a hostilidade ao prazer e ao corpo é um legado da Antiguidade que foi singularmente preservado até hoje no Cristianismo. (Ranke- Heinemann, 2019, p. 15).

Ainda segundo a autora, "não há pessimismo sexual no judaísmo do Antigo Testamento" (2019, p. 19). Alguns discursos sobre o casamento, em especial como elaborados no livro deuterocanônico de Tobias, são indicativos que certos grupos judeus se viam influenciados por algumas concepções gnósticas que já se insinuavam. É essa "contaminação" gnóstica uma das responsáveis pela concepção extremamente negativa sobre a sexualidade, sobre o corpo e sobre a mulher.

Contudo, outros processos se somam à influência gnóstica. Especial papel tem a configuração do ambiente intelectual no interior da Igreja. Com o avanço do monaquismo a partir do século IV, primeiramente no Oriente Médio e deserto egípcio e depois por toda a Europa, a filosofia e a teologia foram se tornando atividades exclusivas de homens celibatários.

> Como a teologia cada vez mais se tornou o assunto de homens não casados, o pecado foi mais e mais colocado no reino do sexo. Com o crescimento da neurose sexual, mediante seu empenho em tornar os leigos em monges, o Cristianismo distanciou-se de suas raízes judaicas no Antigo Testamento e da vida judaica em geral. O Cristianismo virginal condenou o Judaísmo carnal: os oito sermões de Crisóstomo dirigidos contra os judeus em 387 em Antioquia constituíram uma enorme calúnia. Descreveu o judeu como "carnal", "lascivo" e "amaldiçoado". (Ranke--Heinemann, 2019, p. 73).

A expansão do monaquismo e a difusão da virgindade e do celibato como práticas ascéticas que gozavam de alta valoração influíram consideravelmente na elaboração da reflexão intelectual. Progressivamente, a experiência sexual e das relações entre homens e mulheres vai refletir a experiência do deserto. Se na Antiguidade pagã o foco dos discursos sobre a sexualidade estava na regulação dos prazeres, na Antiguidade tardia cristã a relação sexual emerge como um objeto tentador. Para o monge, a regulação de seus apetites mais básicos e naturais, como a sexualidade, passava por um rígido controle da consciência, por uma prática de constante atenção sobre si mesmo, sobre suas paixões e pensamentos. Aquilo que advém do desejo sexual, advém como um outro que deve ser controlado e que, em muitos casos, deve ser extirpado.

Um terceiro momento da evolução do pensamento patriarcal e misógino na ética sexual cristã é, para Ranke-Heinemann, o pensamento de Agostinho. A conversão dele ao Cristianismo após sua passagem pelo Maniqueísmo não foi suficiente para extirpar- lhe os preconceitos dualistas. Ao contrário, para a autora, Agostinho carrega consigo a tal ponto as concepções gnósticas que ele pode ser considerado "o pai de uma ansiedade de 1.500 anos diante do sexo e de uma hostilidade persistente a ele" (Ranke-Heinemann, 2019, p. 96).

Embora seja difícil de afirmar, como faz a autora, que um pensador sozinho seja capaz de definir de forma tão drástica os rumos do Ocidente, é possível dar-lhe crédito no que se refere aos enunciados de Agostinho sobre a sexualidade e nesta sobre o lugar da mulher. É o primeiro a ligar a noção de pecado original, que então vinha se desenvolvendo, com um pecado sexual e um dos primeiros teólogos a formular a ideia de uma relação sexual sem prazer e voltada apenas para a procriação, já que o pecado de Adão é um pecado de desobediência que envolve prazer (Jesus; Oliveira, 2014, p. 164). Ademais, Agostinho liga o ato sexual com a transmissão do pecado original. Em tal contexto, o lugar que a mulher ocupa é o da falta, o da desobediência e do engano: foi Eva quem foi enganada e quem levou Adão a pecar.

> Assim como Aarão não deu consentimento ao povo para a construção do ídolo induzido por erro, nem é crível que haja Salomão pensado erroneamente que se devia sacrificar aos ídolos, mas foi forçado pelo coquetismo de suas concubinas a cometer semelhantes sacrilégios, assim também estamos em nosso direito supor que o primeiro homem violou a lei de Deus, não porque crera na verdade aparente que lhe dissera a mulher e seduzido por ela, uma a uma, homem a homem, cônjuge a cônjuge, mas por condescender com ela por causa do amor que os unia. Não em vão disse o apóstolo: Adão não foi enganado; por sua vez, a mulher, sim. Eva tomou por verdadeiras as palavras da serpente e Adão não quis romper o único enlace mesmo na comunhão do pecado. Nem por isso é menos culpado, pois pecou, com ciência e consciência. Desse modo, não diz o apóstolo: "Não pecou", mas: não foi enganado. Seu pecado deixa-o a descoberto, ao dizer: Por um homem entrou o pecado no mundo e, pouco depois, mais claramente: Com transgressão semelhante à prevaricação de Adão. Entende, pois, por enganados os que julgam não ser pecado o que fazem; mas Adão soube que era. Doutra forma, como será verdadeiro: Adão não foi enganado? Mas, sem experiência da severidade

> divina, pôde talvez enganar-se na apreciação, julgando venial o cometido. Por isso, não foi seduzido no que foi a mulher, mas enganou-se no modo de como Deus ia julgar a escusa: A mulher que me deste ofereceu-me e comi. (Agostinho, 2012, p. 181).

Esse trecho do Livro XII de *A Cidade de Deus* evidencia a posição que a mulher ocupa na antropologia agostiniana, permitindo-nos reconhecer alguns enunciados frequentemente reiterados sobre a mulher no Ocidente. Embora Adão não possa eximir- se da responsabilidade pelo pecado que ele cometeu, pois o fez com "ciência e consciência", Agostinho destaca que o fez em "condescendência com a mulher". Isto é, o vínculo de amor que sentia pela companheira gerada a partir da própria carne – como veremos a partir da narrativa de *Gênesis* 2 – o impele a aceitar a incitação ao ato que ela lhe sugerira. Se não pode haver outra causa de imputação do que o ato deliberado de Adão, há um móbil adicional da ação que não pode ser descartado: a sugestão ao pecado feita por Eva. A mulher é ocasião do pecado, objeto do apetite e do desejo, causa secundária de erro.

Segundo Ranke-Heinemann, dado tamanho pessimismo de Agostinho, tende-se a ver a obra de Tomás de Aquino como um considerável avanço em relação à teologia anterior. Todavia, para a autora a recuperação da filosofia aristotélica na baixa Idade Média, já que "da época de Tomás de Aquino em diante, Aristóteles foi elevado à condição de quase Padre da Igreja em questões relacionadas com a mulher" (2019, p. 19), conjugada à permanência de certos aspectos do agostinianismo (como a ideia da inferioridade do casamento em relação ao estado virginal), fazem da obra tomasiana um lugar de consolidação da misoginia patriarcal.

> Alguns teólogos hoje veem grande progresso desde a perspectiva da Escolástica primitiva, em que o casamento não confere graça mas só é remédio, e pelo qual o desejo é suprimido, até a posição da Alta Escolástica, em que o casamento confere a graça, que consiste na supressão do desejo. Mas esse progresso só existe aos olhos desses retóricos religiosos. Querem ver um avanço na obra de Tomás de Aquino,

> que permaneceu como grande autoridade até nossos dias, embora na realidade ele só agrave a hostilidade sexual de Agostinho com os erros biológicos e os pressupostos patriarcais de Aristóteles. (Ranke-Heinemann, 2019, p. 186).

A leitura de Uta Ranke-Heinemann tem evidentes méritos. Entre eles o de indicar que o processo de exclusão das mulheres ocorre de maneira progressiva, paulatina e ao mesmo tempo violenta. Também nos adverte para o fato de que as aparentes conquistas do século XX no campo dos direitos, do acesso à educação e ao mundo do trabalho não devem obnubilar o fato de que o Ocidente cristão se construiu sobre uma antropologia pessimista da sexualidade. Nesta, a mulher é relegada a um papel subalterno e objetificado. Subverter esse papel exige a subversão daquela antropologia.

Todavia, nosso objeto aqui não é tratado na forma de avanços e retrocessos, tal como faz Ranke-Heinemann. Isso, embora seja um procedimento pertinente e necessário, tende a obliterar o processo de formação dos enunciados, ao identificar uma série histórica de sucessão que parece ser conduzida por uma única linha, seja de avanços ou de retrocessos. Tal perspectiva impede Ranke-Heinemann de perceber as idiossincrasias de cada conjunto de enunciados que ela analisa. Por exemplo, toma por justificado o fato de que Tomás faz compromissos entre a herança patrística e a filosofia aristotélica. Ainda que vá nesse mesmo sentido, procuro distinguir como essa solução de compromisso é realizada. Ranke-Heinemann por tomar a categoria mulher como pressuposta não percebe a variação das articulações discursivas e, por conseguinte, não dá conta de como esse dispositivo de gênero se enraíza em uma mais ampla articulação, ou seja, como a própria noção de feminilidade é construída por essas mesmas práticas e discursos que subalternizam as mulheres.

Um segundo ponto que precisa ser destacado como um equívoco na obra de Ranke-Heinemann, e que tem uma incidência indireta nesta pesquisa, é sua valoração demasiado positiva do lugar da mulher no judaísmo do Antigo Testamento, como se esse também não fosse uma sociedade patriarcal. Explico a ideia de "incidência indireta": ainda que não importe explicitamente aqui as exclusões e inclusões que o texto bíblico faz, colocando as mulheres em um segundo plano mesmo quando a construção da narrativa nos permite entrever que agiram como protagonistas, importa-nos a possibilidade de entrever essas brechas e fissuras. Esse é o método, por exemplo, da Teologia Bíblica Feminista.

> Nessa abordagem, fomos desenvolvendo um princípio hermenêutico fundamental para a Teologia Bíblica Feminista, que é o ato da suspeita. Suspeitamos das afirmações eclesiásticas e político-sociais que afirmam a subordinação e inferioridade das mulheres e outras pessoas marginalizadas, negando-lhes a integral participação em todos os processos de produção, reprodução, decisão e exercício do poder. Exploramos textos bíblicos, tanto aqueles que impedem como os que capacitam mulheres a serem sujeitos históricos com total dignidade. (Reimer, 2005, p. 18-19).

Ao dizer que o procedimento da Teologia Bíblica Feminista é de interesse para a construção desta pesquisa, não afirmo que ela é tomada diretamente como o método. O que me parece mais relevante desde essa perspectiva é a atitude geral de suspeita em relação aos textos das Escrituras judaicas e cristãs. Essa atitude, por exemplo, adverte-nos contra a valoração demasiado positiva de Ranke-Heinemann em relação ao Judaísmo. Mais que isso, indica-nos que é necessário, frente ao texto bíblico, mas também frente à autoridade das tradições e das teorias hegemônicas, manter o espírito de suspeita epistemológica.

Suspeita aqui significa desconfiar das ausências e das presenças. Nesse caso, a mulher não é uma categoria substancial na história do Cristianismo, da qual queremos apresentar um momento, a saber, sua presença nos textos da Escolástica. Mais que isso, trata-se de reconhecer as formações discursivas que dão sustentação a um regime de poder, que o constituem e que são constituídas nele.

> Essas estruturas básicas de dominação, encontra-se a dinâmica do **androcentrismo** e do **patriarcado**.

> Uma visão androcêntrica do mundo, uma literatura ou linguagem androcêntrica colocam o homem/macho como referencial e centro de tudo o que acontece. Suas experiências e necessidades destacam-se como sendo de todos os seres humanos. Ele é o sujeito explícito das ações e decisões. Os demais seres humanos são invisibilizados por meio de tal concepção de mundo e de linguagem. São incluídos no plural masculino (os alunos, os discípulos, os governantes...) e somente são mencionados explicitamente quando acontece algo muito grave ou importante. (Reimer, 2005, p. 19).

Essa mesma atitude de suspeita que leva ao reconhecimento das formas básicas de dominação é que impele a uma leitura diferente da tradição textual da filosofia e teologia cristãs. Trata-se de reconhecer as mulheres e o desenvolvimento da noção de diferença sexual não apenas por sua presença explícita, mas, como dito, também por sua ausência.

Esse é o caminho percorrido, por exemplo, na construção de uma Matrística, em oposição a uma Patrística. Aquela teria duas partes distintas. A primeira é recorrer os escritos teológicos e filosóficos no Ocidente do I ao VIII século e determinar o lugar discursivo que as mulheres ocupam. A segunda é descobrir, minerar, garimpar, o que as mulheres mesmas disseram. Esse segundo procedimento é, de longe, o que conta com menos recursos textuais, já que tem de superar todo o esforço feito para encobrir e invisibilizar as mulheres no interior do dispositivo de gênero. Chegar a constituir essa Matrística exige que façamos uma Patrística de gênero, isto é, que leiamos os textos canônicos dos primeiros séculos com a óticas das inclusões e exclusões sobre a mulher, a diferença sexual, a sexualidade.

> Parlare di una patristica di genere ha un senso preciso: significa prendere atto che la letteratura degli antichi autori cristiani è segnata e prodotta da un punto di vista particolare, a partire di pressuposti impliciti considerati assiomatici, ma non per questo neutri, in quanto indirizzano la comprensione del

> mondo e rivestano una precisa funzione nella costruzione del pensiero patristico[4]. (Prinzivalli, 2013, p. 150).

A crítica desses pressupostos universalistas e axiomáticos passa por uma revisão da própria linguagem filosófica e teológica. Há uma pretensão de considerar a eficiência e efetividade da linguagem conceitual desde o lugar de um sujeito universal e abstrato. Prinzivalli, contudo, evoca a necessidade de "despatriarcalizar" tanto a linguagem do texto sacro quanto a dos textos filosóficos e teológicos. Essa operação, que lê no texto mesmo aquilo que as leituras patriarcais deixaram de lado, tem dois caminhos diferentes. No primeiro, põe em relevo aqueles textos, conceitos, categorias e todo aparato teórico que foi utilizado para justificar o estado de coisas da sociedade patriarcal. Essa é a leitura mais abundante, a que mais rende material e a que mais exige esforço crítico, porque se quer ao mesmo tempo descrever e subverter essas passagens. O segundo caminho é aquele aberto por conceitos e categorias que têm potencial libertador, e por isso mesmo foram deixados de lado.

Nesse último caso, como já dito, dispõe-se de poucos textos, se comparados à grande massa que elabora, corrobora e intensifica o dispositivo de gênero. Há algumas cartas de Marcela e Paula a Jerônimo no século IV (Franchi, 2013, p. 81), das quais, infelizmente, só temos preservadas as respostas de Jerônimo, que formam uma tipologia feminina baseada na oposição "*sancta e venerabilis*", para as virgens, viúvas e fiéis esposas, e "*instrumentum diabolis*", para a mulher pensada enquanto aquela que distrai o homem, que o tenta.

Da pena de mulheres cristãs, dos primeiros oito séculos temos apenas dois textos. O primeiro é diário de Perpétua, mártir cristã do norte africano, pensada como modelo de virtude. O outro é a *Peregrinação de Etéria*, um diário de viagem de uma mulher do século IV

[4] "Falar de uma patrística de gênero tem um sentido preciso: significa dar-se conta que a literatura dos antigos autores cristãos é marcada e produzida desde um ponto de vista particular, a partir de pressupostos implícitos considerados axiomáticos, mas não por isso neutros, na medida em que direcionam uma compreensão de mundo e se revestem de uma precisa função na construção do pensamento patrístico."

que viaja da Europa ocidental para Jerusalém. Dela, sabemos quase nada. Nem se monja, ou leiga, casada ou virgem. Tudo indica que seja alguém de origem nobre, tanto pela capacidade pecuniária para empreender a viagem quanto pelo conhecimento da língua latina.

Esses poucos textos **das** mulheres e os muitos textos **sobre** as mulheres, advindos da pena dos Padres, podem nos ajudar a reconstruir um mosaico sobre os discursos que articulam a subjetividade feminina ao longo desses primeiros séculos. Enquanto sujeitas da produção intelectual, as mulheres primam por sua ausência. Claro, como se pode deduzir, uma ausência **produzida**, elaborada no pensamento patrístico e patriarcal. Mas quais são as características narrativas dos textos dos Padres sobre as mulheres? Segundo Prinzivalli (2013, p. 157), há três formas básicas desse discurso: prescritivo, normativo e exortativo. Trata-se de prescrever um comportamento, uma forma de vida, uma norma reguladora. É de se sublinhar que a **parênese** é a forma comum dos escritos da Patrística, isto é, um estilo narrativo baseado na exortação. Todavia, se em todo caso os homens normatizavam para si mesmos, as mulheres foram sempre normatizadas pelos homens.

Essa impossibilidade de assumir a palavra faz das mulheres objetos de prescrição baixo a rubrica de um único binômio. É, como já apresentamos no caso de Jerônimo, a existência de mulheres santas de um lado, isto é, as que obedecem às normativas emanadas dos próprios Padres, e as que servem como instrumento diabólico de outro.

Longe de ser uma idiossincrasia de Jerônimo, esse tema se repete em toda a literatura patrística. É, por exemplo, o caso de Gregório Nazianzeno. Padre do século IV, em seus escritos encontramos uma pletora de afirmações sobre a mulher, que vão desde juízes aparentemente mais neutros até severas considerações negativas (Cândido, 2012, p. 64). Tais juízos exprimem que, já ao final do século IV, toda uma antropologia androcentrada e pessimista já se tinha constituído. Nessa antropologia, a cena da Queda e o papel de Eva como instigadora, capaz de desviar o homem do seu fim último, a obediência a Deus e a contemplação de sua face, desempenham o papel de paradigma: é uma verdadeira episteme sobre a mulher que vai se construindo paulatinamente a partir do recurso a essa narrativa meta-histórica.

> No âmbito da exegese bíblica e da própria antropologia, abundam as tantas reflexões sobre o assunto fornecidas pelos mais variados autores. Inquestionavelmente, as tantas intepretações alusivas ao episódio sobre o papel exercido pela mulher neste evento [a Queda], não deixaram de exercer influência bastante decisiva na condição da mulher, na sua trajetória ao longo da história cristã, o que a torna ainda mais relevante. (Cândido, 2012, p. 64).

Já para Nazianzeno, o grande mérito do matrimônio é a procriação. É pelo cuidado dos filhos que a mulher expia a culpa que carrega, culpa solidarizada no pecado de Eva, que é duplamente culpada: porque pecou e porque instigou o homem ao pecado. Mais valor, porém, terá aquela que escolher o estado virginal, considerado por Gregório verdadeira "fonte de salvação" (Cândido, 2012, p. 84).

Semelhantes opiniões se repetem por toda a Patrística. Fazer seu inventário não é o propósito deste tópico. É fundamental, porém, reconhecer um liame comum em todos esses discursos. Legislar sobre a sexualidade e legislar sobre a mulher é uma única coisa para os Padres. O corpo da mulher foi identificado à sexualidade. Quando celibatários tentam subjugar sua própria sexualidade *ipso facto* subjugam a corporeidade feminina, que a representa e encarna.

Contudo, é possível reconhecer também uma "ruptura incoativa" no estado da mulher com a emergência do Cristianismo hegemônico. O aparecimento da monja, daquela que livremente abraça o estado virginal e vive em uma comunidade exclusiva de mulheres, pode ser considerado um avanço em relação à condição feminina no mundo greco-romano. Não que não se conhecesse o estado virginal religioso. Mas as vestais, por exemplo, não se tornavam virgens consagradas por livre escolha. Antes eram entregues pelas famílias aos templos. No Cristianismo emergem comunidades exclusivas de mulheres, em que as encarregadas e superioras são apenas as mulheres.

Ao lado de Bento, um dos pais do monaquismo ocidental, temos Escolástica, sua irmã e também fundadora de uma Ordem de monjas.

> Eis que surgirá, com o Cristianismo, um novo tipo de mulher, até então desconhecido. Recusar o esposo designado pelo pai, consagrar-se a Cristo, preservando a virgindade "com os olhos e coração voltados ao reino de Deus" teria grande implicações. Essas mulheres, na verdade, estariam afirmando uma vontade própria que antes a sociedade lhes negava. Essa reivindicação tornava-se uma proclamação de liberdade pessoal e de autonomia de decisão: estava-se fundando desse modo, ainda que de forma incoativa, a autonomia da pessoa. (Cunha, 2013, p. 310).

Não obstante esse avanço incoativo, é preciso que nos atentemos para algumas peculiaridades. De fato, desde o momento que surgira o monaquismo masculino, surgiu também o feminino. Neste, as mulheres possuíam uma autonomia relativa. Todavia, foi apenas no início do século XIII que temos uma regra de vida para comunidades femininas escrita por uma mulher: a Regra de Santa Clara. Regra, contudo, que não chegou a ser aplicada universalmente nos mosteiros das clarissas, substituída por outra Regra, emanada da autoridade papal. O que quero destacar com isso é que essa autonomia relativa não garantiu às mulheres o lugar da autonomia discursiva sobre si mesmas. Não relatam a si mesmas, não implementam suas próprias regras, mas ainda dependem da estrutura patriarcal. É, uma vez mais, um tipo de exclusão interna.

JUDITH BUTLER: A TEORIA QUEER

Como afirmei, as obras de Giorgio Agamben e de Judith Butler não são o objeto desta pesquisa. São instrumental metodológico. Isso comporta um evidente risco. As dissertações filosóficas, em especial em nossa academia brasileira, prezam pelo tratamento refinado dos conceitos operados pelos autores. Muitas vezes, a totalidade da pesquisa acadêmica, sobretudo quando se visa obter um grau, versa quase que exclusivamente sobre a correta interpretação de um específico conceito na obra de autor. Ao utilizar aqui dois autores contemporâneos que já fazem parte do cânone da pesquisa, sem, contudo, deter-me pormenorizadamente em suas obras e avaliar suas teorias, exponho-me ao risco da superficialidade. Todavia, seguindo o próprio expediente de Agamben (2007, p. 65) que indica que profanar é uma necessidade para recuperar às coisas a possibilidade de seu uso, tomamos a obra desses autores profanando-as, extraindo-lhes os conceitos, transformando-os em ferramentas que nos auxiliem na empreitada.

Comecemos pela obra de Judith Butler e a Teoria *Queer*. De imediato, indico as suas categorias e noções mais importantes para esta pesquisa: a) a desnaturalização das categorias de gênero e sexo, que nos possibilita reconhecê-las como o resultado de construções discursivas; b) as noções de "reiteração discursiva" e de sexo e gênero como "efeitos discursivos"; c) a possibilidade de subversão das identificações discursivas, o que não significa que gênero seja resultado de uma ação voluntarista; d) as noções de "enquadramento" e "inteligibilidade"; e) a "brecha" da Teoria *Queer* e seu salto epistêmico e histórico por sobre a Idade Média.

Lançado originalmente em 1990, o livro *Problemas de Gênero, Feminismo e subversão de Identidade* (2015) é um marco de virada nos Estudos Feministas no Norte Global, e um dos principais textos da então recente Teoria *Queer*. Segundo Raewyn Connel e Rebecca Pearse (2015, p. 142), "a enorme popularidade desse livro não se deu apenas em razão da moda pós-estruturalista, visto que incentivava um novo tipo de política".

De fato, se o surgimento do Estruturalismo representa a emergência do campo do signo e da virada linguística no século XX, o avanço das teorias de cunho pós- estruturalista indica a possibilidade de reconhecer o discurso como efeito de uma prática social e como inscrito na corporeidade. O *Queer*, mais que uma teoria, tornou-se um movimento cultural (Connel; Pearse, 2015, p. 144) que põe em xeque a fixidez das identidades e que reconhece sexo e gênero como categorias mais fluidas, embora isso não signifique que sejam resultado de uma autodeterminação voluntarista, como mais adiante veremos.

> A Teoria *Queer* emergiu nos Estados Unidos em fins da década de 1980, em oposição crítica aos estudos sociológicos sobre minorias sexuais e gênero. Surgida em departamentos normalmente não associados às investigações sociais - como os de Filosofia e crítica literária - essa corrente teórica ganhou reconhecimento a partir de algumas conferências em Universidades da *Ivy League,* nas quais foi exposto seu objeto de análise: a dinâmica da sexualidade e do desejo na organização das relações sociais. (Miskolci, 2009, p. 150-1).

Em *Problemas de Gênero,* Butler dialoga com diversos autores no intuito de desconstruir uma concepção essencialista, substancialista, da sexualidade. Entre estes podemos destacar Michel Foucault, Jacques Derrida, Julia Kristeva, Monique Wittig, Simone de Beauvoir, Jacques Lacan. Butler constrói sua teoria com fortes aportes, críticos por vezes e receptivos por outras, da arqueologia dos discursos, da genealogia das tecnologias de poder, da desconstrução, do feminismo, da psicanálise, da esquizoanálise.

A obra inicia com uma discussão sobre o sujeito do feminismo. O que se esconde sob a categoria "mulheres"? Para Butler, essa categoria é uma "unidade não problematizada" (2015, p. 25), que embora construída como um expediente estratégico de solidariedade na luta por direitos, revela uma ontologização implícita da luta política pela naturalização de um sujeito que não está aí, não é simplesmente dado, mas que é ele mesmo efeito de um discurso e de um conjunto de práticas. Por isso é preciso "determinar as operações políticas que produzem e ocultam" isso que se chama o sujeito do feminismo. É necessário fazer uma genealogia política do sujeito "mulher" (Butler, 2015, p. 25).

Uma das premissas de Butler é que não existe uma relação de coerência intrínseca sexo/gênero/desejo. Tal coerência aparente só pode ser obtida por algum tipo de compulsoriedade extrínseca. De uma determinada configuração morfológica "A" não se pode derivar uma identidade de gênero "B" e um desejo "C" naturalmente. Se isso parece se dar assim é porque há alguma força de coesão externa ao indivíduo que o impele.

> Se o gênero são os significados culturais assumidos pelo corpo sexuado, não se pode dizer que ele decorra de um sexo desta ou daquela maneira. Levada a seu limite lógico, a distinção sexo/gênero sugere uma descontinuidade radical entre corpos sexuados e gêneros culturalmente construídos. Supondo por um momento a estabilidade do sexo binário, não decorre daí que a construção de "homens" se aplique exclusivamente a corpos masculinos, ou que o termo "mulheres" interprete somente corpos femininos. (Butler, 2015, p. 26).

A radicalidade da descontinuidade impede que sigamos a pensar o gênero como uma expressão obrigatória de um determinado sexo. Não são séries consequentes uma da outra, mas duas séries linguísticas aplicadas a um mesmo sujeito. Todavia, na passagem supra Butler faz um exercício de argumentação e concede ao sexo binário um tropo elucidativo. Ainda que reconhecêssemos o sexo binário como um dado natural inquestionável, nada nele mesmo compele à performance obrigatória de uma identidade de gênero.

Em uma perspectiva, a compreensão de sexo/gênero como descontínuos é um importante avanço, já que desnaturaliza os constructos culturais localizados, como todo constructo, em uma determinada temporalidade e historicidade e assim desontologiza o ser-homem ou o ser-mulher. Entretanto, não podemos compreender o sexo como mero fato biológico oposto ao gênero. Não existem *facta bruta* que colamos na teoria. Sexo como uma categoria invariável e natural oposta ao gênero é um uso político da mesma categoria. Seguindo Wittig, Butler afirma (2015, p. 196) que também o sexo é um fato de linguagem como o gênero ou, em outras palavras, "não há razão para dividir os corpos humanos em sexo masculino e feminino" e que tal divisão aparentemente obrigatória, da qual o gênero seria apenas uma possível variação cultural, só serve para atender a demandas econômicas e políticas apresentadas com um "lustro naturalista".

Seguindo esse raciocínio há uma "heterossexualidade compulsória" que permeia todos os espaços da cultura e da sociedade.

O sujeito universal que se pretende ser o sujeito da ciência pura, da política para todos, da ontologia e da arte burguesa nada mais é que uma expressão de uma subjetividade constituída heteronormativamente. Para Butler há modos de subversão da identidade que partem da desconstrução da subjetividade. Engana-se, todavia, quem pensa que essa subversão pode ocorrer fora do espaço político.

Com Foucault a autora reconhece a força vinculante que existe entre o discurso sobre o sexo e o poder político. Com isso afirma o caráter político do corpo, algo que as teorias sobre o Estado e sobre o direito até então dificilmente acolheram. A lei instituída a partir de uma perspectiva heteronormativa compele a uma determinada performatividades de gênero.

> Aqui parece sensato evocar novamente Foucault, que, ao afirmar que sexualidade e poder são coextensivos, refuta implicitamente a postulação de uma sexualidade subversiva ou emancipatória que possa ser livre da lei. Podemos insistir nesse argumento, salientando que o "antes" e o "depois" da lei são modos de temporalidade discursiva e performativamente instituídos, invocados nos termos de uma estrutura normativa que afirma que a subversão, a desestabilização ou o deslocamento exigem uma sexualidade que de algum modo escape das proibições hegemônicas a pesarem sobre o sexo. (Butler, 2015, p. 63).

Pensar uma forma de subversão da identidade que ocorresse fora da lei poderia representar o perigo de excluirmos o corpo da esfera política, como a política liberal já tem feito ao longo da história, relegando à esfera do privado as exigências da corporeidade, como a alimentação, a saúde e a própria sexualidade. Além disso, devemos atentar para o fato que também a heterossexualidade compulsória é um performar jurídica e politicamente sustentado.

Mas o que é aqui performar? A resposta a essa questão constitui boa parte do trabalho de Butler. Embora tratar esse conceito com acuidade filosófica não seja uma tarefa fácil, apontamos aqui algumas possibilidades de interpretação. Em primeiro lugar, desde que o filósofo da linguagem John Austin publicou *How to do things with words* (1975) a teoria dos atos de fala tem desempenhado importante papel em ciências humanas, inclusive nas obras de Butler e Agamben. Grosso modo, um discurso performativo é aquele que é ele mesmo a sua realização. Quem diz "eu prometo" realiza pelo próprio enunciado uma ação, a ação de prometer, ao mesmo tempo, discurso e coisa. Performar uma identidade de gênero, performar uma sexualidade é constituir-se subjetivamente por meio de uma discursividade que é ao mesmo tempo ação política. Essa discursividade performativa não é abstrata, como uma pura ciência teórica ideal, mas é inscrita na própria corporeidade: "Consideremos o gênero, por exemplo, como um estilo corporal, um 'ato', por assim dizer, que tanto é intencional como performativo, onde performativo sugere uma construção dramática e contingente de sentido" (Butler, 2015, p. 240).

Performance é para Butler ao mesmo tempo uma inscrição de sentido na própria corporeidade e um ato político. As políticas de identidade, que tanto constituíram as lutas dos movimentos LGBTQIAPN+ ao longo dos anos, transitam assim do longo escopo da prática epistemológica para o campo da ação.

> A passagem de uma explicação **epistemológica** da identidade para uma que situa a problemática nas práticas de **significação** permite uma análise que toma o próprio modo epistemológico como prática significante possível e contingente. Além disso, a questão da ação é reformulada como indagação acerca de como funcionam a significação e a ressignificação. (Butler, 2015, p. 249, grifos no texto).

Fazer epistemologia dos processos de subjetivação não é apenas produção de discursos, pois aqui o discurso é o que produz os modos de subjetivação. O discurso significa e ressignifica as práticas e, por conseguinte, acaba gerando outras práticas. E, ao mesmo tempo, descobre-se ao fazer a epistemologia da construção das identidades que a prática discursiva é ela mesma ação, porque realiza aquilo que enuncia e nesse sentido é performativa.

Em *Problemas de Gênero*, Butler se refere à performance das *drag queens* como um exemplo de subversão. Na transitividade da arte *drag*, em que há uma exageração dos signos socialmente aceitos de feminilidade, fica patente o caráter paródico da própria experiência de performar um gênero, pois "a performance da *drag* brinca com a distinção entre a anatomia do performista e o gênero que está sendo performado" (Butler, 2015, p. 237). A **paródia** é um ato corporal que tensiona os limites impostos pela norma sexo/gênero heterossexual e masculina, branca e colonial. Nela também se revela mais um fator de descontinuidade da norma. Além do sexo anatômico e do gênero, já consideradas pela teoria feminista, há uma "performance de gênero" distinta ainda de uma "identidade de gênero".

Isso, contudo, não é uma exclusividade da performance *drag* ou das travestilidades. Na realidade, "**ao imitar o gênero, a *drag* revela implicitamente a estrutura imitativa do próprio gênero – assim como sua contingência**" (Butler, 2015, p. 237, grifos no texto). Não há um privilégio ontológico nessa performance, como uma espécie de antiestrutura. O seu traço parodístico tensiona exemplarmente e torna explícito aquilo que todo sujeito experencia de seu próprio gênero: uma paródia de si mesmo.

Não obstante o caráter teoricamente denso de *Problemas de Gênero*, em 1993 a autora publica *Corpos que importam, os limites discursivos do "sexo"* (2019), que propõe-se a identificar e corrigir alguns equívocos e má interpretações na recepção de seu livro anterior. Difícil de ser apreendido na tradução em língua portuguesa, o título original em inglês do livro joga com a noção de materialidade. *Bodies that matter*, isto é, corpos que importam, ao mesmo tempo corpos que têm materialidade.

Desde *Problemas de Gênero* Butler foi acusada de produzir uma teoria voluntarista e meramente discursiva da identidade de gênero e sexual. **Performar** foi mal compreendido como um ato de um sujeito já constituído. Mas não se trata disso. Não há um sujeito por detrás daquelas práticas discursivas que afirma e nega a sua identidade a seu bel-prazer. Ao contrário, há sim uma materialidade irredutível da corporeidade que se insinua no discurso. A análise das construções discursivas, dessa maneira, não é e não pode ser a totalidade da "verdade do gênero". Trata-se, antes, de uma complexa articulação entre a materialidade conformada nas práticas sociais e o discurso que normatiza e fornece as condições de inteligibilidade (ou não) de certos corpos.

> Entretanto, a diferença sexual é sempre uma função de diferenças materiais que são, de alguma forma, marcadas e formadas por práticas discursivas. Ao mesmo tempo, alegar que diferenças sexuais são indissociáveis de demarcações discursivas não é o mesmo que afirmar que o discurso produz a diferença sexual. A categoria "sexo" é, desde o início, normativa; é o que Foucault chama de "ideal regulatório". Nesse sentido, então, "sexo" não só funciona como norma, mas também é parte de uma prática regulatória que produz os corpos que governa, ou seja, cuja força regulatória é evidenciada como um tipo de poder produtivo, um poder de produzir – demarcar, circular, diferenciar – os corpos que controla. (Butler, 2019, p. 8).

A diferença sexual é uma categoria normativa que delimita os sujeitos como masculinos ou femininos no interior do regime de saber-poder que Butler chama "heteronormativo". A materialidade do sexo "biológico" não é algo constatado, percebido ou meramente descrito no interior de uma teoria. É uma norma que produz legibilidade, inteligibilidade, uma coerência extrínseca que produz identidades. A performance da *drag queen* não é aqui mais ou menos performativa do que qualquer outra forma de ser gendrado. A performance da *drag* é apenas o paroxismo da paródia, que revela o dispositivo sexo/gênero como uma paródia sem um original[5].

---

[5] Há críticas sobre o caráter "meramente" discursivo da performance de gênero na obra de Butler. Paul B. Preciado, por exemplo, que leva a teoria queer à análise das formas farmacológicas e tecnológicas do exercício de poder, considera que Butler não leva em conta o conjunto das intervenções técnicas que modificam os corpos e que dão sustentação material às performances linguísticas: intervenções estéticas, próteses, hormônios, fármacos. Assim, Preciado afirma a necessidade de retorno a uma espécie de "realismo" mitigado, em que considera que todos os sujeitos já são em alguma medida ciborgues, híbridos de máquina e organismo, instrumentos. *Cf.* PRECIADO, Paul B. **Manifesto contrassexual**.

É aqui que performance ganha seu sentido preciso. Não se trata de um ato único, voluntarista, não condicionado de um sujeito estável. Não há um sujeito que performa, mas um sujeito que se constitui, como um conjunto de alianças, negociações, exclusões e inclusões, com limites móveis, no ato performativo. A afirmação "é um menino", ou "é uma menina", que o médico diz ao nascer uma criança (ou já ao ver um índice somático em uma ecografia) não é um enunciado descritivo. Não apresenta nenhum dado da realidade empírica, nenhuma cadeia causal, nenhuma lei natural ou fato matemático. Ao contrário, essa simples afirmação é a intersecção de várias formações discursivas que prescrevem um determinado modo de estar no mundo. Os pais da criança vão reagir a ela, vão educá-la, de acordo com as prescrições discursivas constantemente reiteradas.

O médico diz "é uma menina", a escola tem uma certa maneira de educar meninos e meninas, a Igreja uma justificativa teológica para sua diferença, as mídias uma específica forma de apresentar a diferença sexual, o mercado uma expectativa de tipos de consumidores em potencial. A aparente neutra constatação, baseada em um reconhecimento estético da morfologia corporal mais visível, é uma formação discursiva que conjugada com séries distintas de processos e práticas sociais de subjetivação, vai produzir o homem heterossexual, branco, sujeito universal e abstrato, e todas as suas "de- formações", todas as formas derivadas dessa forma inicial primeira.

As performances de gênero heteronormatizadas e o regime da diferença sexual, bem como suas formas de subversão e os corpos, são resultado de práticas contínuas de reiteração discursiva que produzem o sujeito gendrado, práticas de **citacionalidade**: é preciso dizer o gênero para que ele seja assim.

Práticas subversivas de identidade sexual. 2. ed. São Paulo: n-1 Edições, 2017. Todavia, é necessário afirmar que mais recentemente Butler tem recorrido à mediação tecnológica para afirmar, entre outras coisas, que a luta de grupos non-conforming (minorias étnicas, sexuais e de gênero, mulheres, migrantes) não é apenas por direitos, mas pelas condições de aparecimento de seus corpos em luta, o que envolve também o uso das mídias. *Cf.* BUTLER, Judith. **Corpos em aliança e a política das ruas.** Notas para uma teoria performativa da assembleia. Rio de Janeiro: Civilização Brasileira, 2018a.

> A performatividade não é, portanto, um "ato" singular, pois sempre é a reiteração de uma norma ou de uma norma ou de um conjunto de normas, e na medida em que adquire a condição de ato no presente, ela oculta ou dissimula as convenções das quais é uma repetição. Além disso, esse ato não é primariamente teatral.
>
> [...] Na teoria dos atos de fala, a performatividade é a prática discursiva que realiza ou produz aquilo que nomeia. (Butler, 2019, p. 34).

A norma não é um conjunto estável. É na sua citação que normatiza e normaliza. A força da lei está no seu caráter pervasivo. É citada sem ao menos darmo-nos conta de que ela que é ali dita. Quando na escola o menino usa brinquedos que estimulam a sua criatividade masculina (construção, planejamento, estratégia) e a menina recebe brinquedos que estimulam sua capacidade natural de cuidado (bonecas, vassouras, panelas) a norma age. Aparentemente, os agentes educativos estão apenas atendendo a uma expectativa "natural" das crianças. Na verdade, cada vez que um brinquedo desses é entregue, a norma é citada. O discurso se insinua em cada ato corporal e se inscreve como ato corporal. Entregar silenciosamente uma boneca a uma menina ainda é dizer-lhe: "toma, tua função é o cuidado".

A norma do sexo/gênero andro e heterocentrada compele à coerência das identidades. O gênero é o paradigma da sujeição e, por conseguinte, da subjetivação. Algo é sempre "perdido" na força normativa de coesão. Em *A vida psíquica do poder, teorias da sujeição* (2017), reapropriando-se criticamente da psicanálise, Butler afirma que há uma melancolia inerente ao processo de constituir-se sujeito gendrado. Fugindo da ideia freudiana de que a psique homossexual é constituída como uma internalização melancólica do objeto perdido, Butler generaliza essa concepção, afirmando que **toda experiência do eu** é **uma experiência melancólica**. Sempre algo se perde no caminho, sempre um desejo é renunciado no dispositivo de diferença sexual.

> Quando a proibição da homossexualidade permeia uma cultura, a "perda" do amor homossexual é provocada por uma proibição repetida e ritualizada em toda a cultura. O resultado é uma cultura da melancolia de gênero em que a masculinidade e a feminilidade surgem como vestígios de um amor não pranteado e não pranteável; na verdade, uma cultura da melancolia de gênero em que a masculinidade e a feminilidade, dentro da matriz heterossexual, são fortalecidas pelos repúdios que elas performam. Em oposição à ideia de sexualidade que "expressa" um gênero, entendemos que o próprio gênero é composto precisamente do que permanece inarticulado na sexualidade. (Butler, 2017, p. 149).

A diferença sexual opera por recortes, proibições, interdições que são reiteradas, citadas, estabelecendo assim os limites "precisos" do sexo/gênero bipolar. Se as séries sexo anatômico/identidade de gênero/desejo não são consequentes, tampouco as articulações próprias no interior de cada uma dessas formações discursivas obedecem a uma "ordem natural". Tudo é delimitado a cada vez que um enunciado é performado. O sistema sexo/gênero é uma grande articulação narrativa que produz padrões, paradigmas, dispositivos de inteligibilidade.

Um corpo abjeto, dissidente, *non-conforming* é aquele que escapa dos quadros de inteligibilidade do regime heteronormativo e binário. O discurso da diferença sexual não apenas prescreve aos sujeitos uma determinada ordem de coerência das identidades, como estabelece a estrutura, o quadro epistemológico em que também as diferenças serão reconhecidas. Um corpo não performa a sexualidade hegemônica em relação a esse quadro epistemológico. A diferença sexual não institui apenas os polos da masculinidade e feminilidade. Tudo aquilo que difere, difere em relação a esses polos. Tudo aquilo que não é reconhecível é porque não performa as séries discursivas designadas.

Por isso, para Butler a Teoria *Queer* e a performance política não são apenas sobre a exigência de direitos, de ser reconhecido pela norma. Trata-se antes de reconhecer as próprias condições de emergência da norma, colocando-se os sujeitos – que agora já não são uma identidade estável e coesa, mas uma catacrese que assume o lugar de fala de múltiplas alianças – no lugar de fundação da lei. Lutar por direitos exige lutar pelas condições de possibilidade de reconhecimento e por inteligibilidade, "entendida como o esquema (ou esquemas) histórico geral que estabelece os domínios do cognoscível" (Butler, 2018, p. 21). Conhecer esses esquemas históricos é pôr em questão quais são os enquadramentos (teóricos, jurídicos, teológicos, políticos, artísticos, midiático) que garantem que um sujeito seja reconhecido como passível de direitos, enquanto outros nem mesmo são reconhecidos como sujeitos, ou são relegados a uma espécie de cidadania de segunda ordem.

> Assim, quando falamos de "enquadramentos" nesse sentido, não estamos falando simplesmente de perspectivas teóricas que trazemos para a análise da política, mas sim de modos de inteligibilidade que favorecem o funcionamento do Estado e que, assim, constituem, eles próprios, exercícios de poder mesmo quando excedem o âmbito específico do poder estatal. (Butler, 2018, p. 213-4).

A forma de Butler compreender esses esquemas se coloca entre a desconstrução derridiana e a arqueologia e genealogia foucaultianas. É uma releitura da tradição filosófica, literária e política ocidental buscando reconhecer essas reiterações da norma, as citações inocentemente escondidas sob a linguagem naturalista e descritiva. É o que faz, por exemplo, em *Corpos que importam*. Se parte dessa obra se preocupa em estabelecer as categorias de análise da Teoria *Queer*, faz isso desde uma leitura da tradição, que reconhece a construção dos limites, e, por conseguinte, dos centros das formações discursivas. É assim que passa por Platão, Aristóteles, Hegel, Freud, Lacan, por obras da cultura pop e documentários sobre a vida *queer* nos subúrbios norte-americanos. É preciso surpreender a norma lá onde é citada e reiterada.

Tem particular importância para nós a leitura que Butler faz de Aristóteles e a não leitura que seu texto faz. O que tomamos da filósofa é uma ausência. Butler destaca que na cultura ocidental há uma associação da mulher à maternidade e à materialidade. Na cultura grega clássica, na Roma antiga, *hylé*, *mater* e *matrix* são termos associados à materialidade do mundo físico e à feminilidade entendida como maternidade. Tais associações foram tomadas por algumas feministas, como Luce Irigaray, como uma imagem da mulher contraposta à ideia de patriarcado como uma experiência técnica de dominação do mundo. Para Butler (2019, p. 64), interessa mostrar "por que as feministas deveriam estar interessadas em não tomar a materialidade como algo irredutível, mas em realizar uma genealogia crítica de sua formulação".

É o procedimento que Butler realiza em seguida, desde Foucault e a recuperação da noção grega de *schéma*, de ordenamento, modelo. Há um aparente *schéma* discursivo que deixa fora de si todo um conjunto de positividades irredutíveis ao discurso. Significa que na concepção aristotélica, a mulher sendo associada à matéria é pronunciada como aquela que não pode ser completamente associada à racionalidade discursiva, que não pode ser dita. Nisso consiste o caráter insidioso dos regimes de poder no Ocidente. Postulam discursivamente uma entidade não discursiva, um resto material, não linguístico, que "garante" a estabilidade do sistema.

> Essas positividades materiais aparecem como o **fora** do discurso e do poder como seus referentes incontestáveis, seus significados transcendentais. Mas essa aparência é precisamente o momento em que o regime de poder/discurso é mais dissimulado e insidiosamente eficaz. Quando esse efeito material é tomado como um ponto epistemológico de partida, condição *sine qua non* de alguma argumentação política, o que se dá é um movimento de fundacionalismo epistemológico que, ao aceitar esse efeito constitutivo como dado primário, sucede em enterrar e mascarar a genealogia das relações de poder pela qual é constituído. (Butler, 2019, p. 68, grifo no texto).

Se na metafísica clássica a mulher ocupa esse lugar de pura materialidade e disponibilidade à inseminação da forma ativa pelo homem, é porque ocupa esse lugar fundacional que não acede ao discurso, mas que é sua condição de possibilidade. Assumir, ainda que estrategicamente, a associação da mulher a esse lugar é um risco epistemológico que o feminismo corre, pois pode colaborar na reiteração da norma sem conseguir deslindar as articulações saber/poder que garantem a dominação.

Contudo, causa estranhamento o salto histórico que a própria Butler faz ao buscar desarticular esses esquemas de inteligibilidade. De fato, há de se reconhecer que não é uma historiadora e como filósofa está interessada em conceitos mais gerais. Mas no seu processo de reconhecer como se forma a norma sexo/gênero binário, não lhe desperta nenhum interesse o passo da elaboração da metafísica clássica no Ocidente pré-moderno. De Platão e Aristóteles, Butler salta para a modernidade. Ao contrário de Foucault, que estabeleceu um projeto de análise da constituição de positividades em vários níveis, a filósofa opta por pensar a tradição no momento de sua recepção na modernidade, analisando-a por meio do instrumental teórico do Pós-Estruturalismo.

O que quero aqui destacar é que não se pode compreender a arqueologia de um saber sobre a sexualidade e o gênero articulados como dispositivo de diferença sexual nesse salto. É preciso deter-se no momento que a filosofia clássica encontra a teologia cristã e, mais exatamente, quando esse encontro opera a articulação de um dispositivo que postula a diferença sexual como inscrita na ordem natural dos entes. E, em sentido contrário, é necessário mostrar como essa mesma noção de ordem natural se estabelece sobre uma agência onto-política que assigna lugares específicos aos entes[6].

[6] Ainda que Butler não empreenda em sua própria obra essa arqueologia dos discursos sobre a sexualidade focando especificamente o período e o recorte que aqui faço, alguns autores têm se utilizado de seu método para fazê-lo. É o caso da coletânea de artigos *Bodily Citations, Judith Butler and Religion* (2006) organizada por Ellen T. Armour e Susan M. St. Ville. Com a participação de vários autores do campo de *Religious Studies*, a coletânea elabora formas de abordar questões de gênero e sexualidade nas múltiplas religiões em uma perspectiva *queer*. Para Armour e St. Ville, "Though itself frequently subject to oversimplification in the popular media and the secular imagination (the religious

GIORGIO AGAMBEN: ARQUEOLOGIA DA ONTOLOGIA, DISPOSITIVO ONTOLÓGICO E FORMA-DE-VIDA

Giorgio Agamben é um dos filósofos mais produtivos do final do século XX e início do século XXI. Sua obra, que versa sobre temas que vão da estética à política, da ontologia ao direito, da religião à técnica, tem se mostrado um importante instrumental teórico para as mais diferentes pesquisas.

Segundo Edgardo Castro (2012), entre as muitas influências na obra de Agamben, o filósofo tem se mostrado um continuador das obras de Hanna Arendt e Michel Foucault. Continuador aqui, como exige a filosofia, não significa um discipulado passivo, mas uma recepção crítica que faz novos recortes, delimita, exclui e lança adiante. Desde *Homo Sacer*, originalmente publicado em 1995, livro que abre uma série homônima, "Agamben não só dá novo impulso às investigações iniciadas por Arendt e Foucault, como também reformula o problema central da biopolítica e introduz novos conceitos" (Castro, 2012, p. 9).

A biopolítica é a política que tem como seu centro a gestão da vida. Aqui, embora o conceito seja equivalente ao foucaultiano, Agamben dá um passo além (ou aquém) da perspectiva pós-estruturalista. Foucault já havia abandonado os *loci* tradicionais do estudo da política: soberania, teoria do Estado, teoria do direito. A lógica do governo tinha dado lugar na sua obra à pesquisa pelas técnicas de governamentalidade. No outro espectro da pesquisa foucaultiana,

---

imagination, too, for that matter), religion is an aspect of culture that has its moments of high theory and its hardscrabble realities. Those of us who have taken it up as an academic pursuit are perhaps especially attuned to the complexities of religious ideas and their materializations in religious texts and practices of various sorts engaged in by perfectly ordinary people to ordinary and extraordinary effect. Even those who go about their lives paying little or no attention to religious matters cannot avoid their effects. For good and for ill, religious traces persist even within the West's putatively secular culture—overtly as a source of conflict (as in the so-called culture wars) but also covertly (as the unacknowledged root of certain cultural traditions). Religion, like gender and sexuality (and often with them), is a site where language, materiality, theory, and politics all come together in complex ways" (2006, p. 10). Aqui me movo em um campo similar, reconhecendo na obra de Tomás, enquadrada em um paradigma teológico, a formação de discursos que ainda vigem sob e na norma heterossexual e binária. *Cf.* ARMOUR, Ellen T.; ST. VILLE, Susan M. **Bodily citations. Judith Butler and religion**. New York: Columbia University Press, 2006.

e como paralela à análise do poder, encontravam-se as várias tecnologias do eu e de produção da subjetividade: loucura, psiquiatria, sexualidade.

Segundo Agamben, esses dois aspectos da teoria de Foucault nunca encontraram seu ponto de unidade "tanto que se pôde afirmar que ele teria constantemente se recusado a elaborar uma teoria unitária do poder" (Agamben, 2010, p. 13). A filosofia de Agamben se movimenta nesse espaço aberto pela analítica do poder e pela analítica das tecnologias do eu. Como pensar unitariamente essas duas dimensões? Como se produz esse sujeito ao mesmo tempo que se produz o Estado? Quais são as relações e as séries linguísticas que unem esses dois polos?

O primeiro trabalho de Agamben que vai responder diretamente a essa pergunta é *Homo Sacer, o poder soberano e a vida nua* (2010). É uma grande arqueologia dessa figura do direito romano: o *homo sacer*. Ao contrário de uma condenação tradicional à morte, em que o próprio agente da lei providencia a execução da pena, o *homo sacer* é simplesmente abandonado à morte. Quem matá-lo não comete crime, mas o Estado mesmo não coloca as mãos nele.

Sacer, o sagrado, é algo que já foi apartado e reservado para os deuses. Se o *sacerdos* foi separado para o oferecimento dos dons, o *sacer* foi deixado de lado, entregue à morte que virá buscá-lo. Ele não é, nem pode ser, sacrificado, porque sua vida já pertence aos deuses. Sem direitos políticos, sem poder participar da vida da *urbs*, vaga pelos campos buscando defender a vida, e passa a integrar o *bando*, o conjunto dos homens prescritos. Torna-se um limiar, uma exclusão interna, um nem dentro nem fora, a própria contestação dos limites.

O *homo sacer* funciona como um paradigma, como a constituição de um exemplo que não se enumera na série que inaugura. Para Agamben, nele se encontram a religião e o direito, dois elementos que a analítica foucaultiana tinha descuidado. É ao mesmo tempo uma figura teológica e uma figura jurídico-política, não se esgotando em nenhuma delas. Insacrificável e incondenável, já está sacrificado e condenado.

> Se é verdadeiro que a figura que o nosso tempo nos propõe é de uma vida insacrificável, que, todavia, tornou-se matável em uma proporção inaudita, então a vida nua do *homo sacer* nos diz respeito de modo particular. A sacralidade é uma linha de fuga ainda presente na política contemporânea, que, como tal, desloca-se em direção a zonas mais vastas e obscuras, até coincidir com a própria vida biológica dos cidadãos. Se hoje não existe mais uma figura predeterminável do homem sacro, é, talvez, porque somos todos virtualmente *homines sacri*. (Agamben, 2010, p. 113).

O *homo sacer* põe em evidência a categoria que Agamben considera explicativa do funcionamento da máquina biopolítica: a **vida nua**. A partir da ambiguidade da noção de vida na antiguidade, *bíos* e *zoé*, a vida qualificada do cidadão e a mera animalidade, o filósofo considera que a história da política e do pensamento ocidental é marcada pela construção de máquinas bipolares. Estas produzem um resíduo não discursivo pressuposto no próprio discurso, que define uma vida como digna de ser vivida e uma vida associada a um conceito de pura animalidade (vida nua).

A vida nua é a condição de possibilidade de existência de *homines sacri*. É uma espécie de resto da linguagem, uma forma de vida que não é assimilada na vida política, mas que tampouco é excluída dos regimes de poder. É produzida como uma **exceção,** que é a própria regra do funcionamento da democracia. Para o filósofo, o paradigma de funcionamento do Estado liberal é estado de exceção e o campo de concentração. Há toda uma maquinaria jurídica, política, um conjunto de dispositivos que produz essa vida associada à animalidade. A vida natural, não política, não é resultado de uma descrição ontológica neutra, mas o resultado de um conjunto de dispositivos que cinde o indivíduo e produz um sujeito que é em si mesmo dividido.

A vida nua se configura como o efeito consequente da ação do soberano. Recuperando o paradigma hobbesiano, para Agamben o soberano é aquele que é capaz de decidir se um cidadão acede aos direitos políticos plenos ou se é incluído no sistema na forma de uma exclusão. Assim, "a vida nua é a vida natural enquanto objeto da relação política de soberania, quer dizer, a vida **abandonada**" (Castro, 2012, p. 68). Sua sacralidade, dessa forma, não se configura a partir da mera ambiguidade do sagrado, "mas de uma dupla exceção que a exclui, incluindo-a" (Castro, 2012, p. 65).

Ao contrário de Foucault, que via a biopolítica como uma forma moderna e contemporânea de exercício da governamentalidade, da gestão dos corpos e das populações, para Agamben toda a história da metafísica ocidental é marcada pelas cisões, exclusões e inclusões biopolíticas. Por tal, toda sua obra se configura como uma grande **arqueologia da ontologia**, uma investigação das configurações das séries linguísticas que produzem essas articulações que são a condição desse resto não assimilável na política: o judeu no campo de concentração, o migrante contemporâneo, e todos aqueles que não têm seus direitos reconhecidos porque não são produzidos pela maquinaria soberana como passíveis de direitos, porque não plenamente humanos.

Se a vida nua é a figura política da governamentalidade, Agamben faz uma volta a uma ontologia fundamental, no sentido de compreender quais são as bases discursivas fundamentais que garantem essa forma de exercício do poder. Na sua pesquisa, três cisões aparecem como fundamentais: entre ser e práxis, essência e existência, ato e potência.

O seu método baseia-se na análise de paradigmas da metafísica ocidental, a fim de reconhecer neles como se articulam essas cisões fundamentais. Por isso, vai analisar a relação entre **economia** e **governo** na teologia cristã, em *O Reino e a Glória* (2017). O Cristianismo teria cindido em Deus mesmo o seu ser (a imanência da Trindade) e a ação de Deus no mundo, o governo da criação, também chamado na Patrística de *oikonomía*. O princípio econômico é aquele da governamentalidade absoluta, da gestão do mundo por meio de uma especializada hierarquia angelical, paradigma da burocracia contemporânea. Nessa extensa e complexa obra, em que analisa os escritos de Aristóteles, as cartas paulinas, a teologia dos Padres da

Igreja, as teorias de modernos teólogos da liturgia, e a filosofia de Carl Schmitt, Agamben evidencia que há, já no paradigma econômico, uma cisão entre ontologia e pragmática que se estende até as relações política contemporâneas. Evidencia ainda que já no século IV, o termo *oikonomía* assume um vasto campo semântico. Entre os padres gregos poderia significar uma espécie de exceção. Os padres latinos o traduziram por *dispensatio* e *dispositio*: a forma que no governo do mundo Deus dispõe das coisas.

> Que um vocábulo designa a atividade salvífica de governo do mundo assuma o significado de "exceção" mostra em que medida as relações entre *oikonomía* e lei são complexas. Também nesse caso, contudo, os dois sentidos do termo – como acontecerá na Igreja latina no dos dois significados do termo *dispensatio*, que no início traduz *oikonomía* [depois substituído por *dispositivo*], adquirindo depois progressivamente o sentido de "dispensa" – são, apesar da aparente distância, perfeitamente coerentes. Os paradigmas de governo e estado de exceção coincidem com a ideia de uma *oikonomía*, de uma práxis gerencial que governa o curso das coisas, adaptando-a a cada vez, em seu intento salvífico, à natureza da situação concreta com que deve medir forças. (Agamben, 2017, p. 64).

A prática que inclui corpos na forma da exclusão nos regimes de governamentalidade biopolítica é assinada por essa noção de economia que cinde, dispensa, excede e dispõe. Cada vez mais, na sua obra, a noção de dispositivo, que Agamben relaciona com Foucault, Hegel e com a genealogia da prática econômica, vai assim ganhando espaço. A construção de dispositivos de governamentalidade corresponde a essa cisão entre ser e práxis. É na ação, na obediência à norma reiterada, que os dispositivos vão produzindo uma determinada forma de subjetividade que adira a uma forma da natureza previamente determinada pelo discurso.

Para Agamben – e nesse sentido sua obra continua uma espécie de história do ser heideggeriana – toda a história do Ocidente é marcada por uma articulação técnica da vida. Todavia, não podemos entender técnica no sentido contemporâneo de tecnológico, artefactual. Esse é apenas o estágio do paroxismo, em que a produção do ser humano visa a suprimir, ultrapassar, dissolver o próprio humano, em um projeto tecnopolítico. Para entender o sentido da técnica é necessário dar um passo atrás.

Esse passo é o que Agamben chama (2017, p. 135) arqueologia da ontologia. É um descer à tradição, ir em busca de uma *arché*, que não é necessariamente um princípio único fundante, mas um conjunto de enunciados que permanecem agentes, como marcas, assinaturas (Agamben, 2019), nos atuais enunciados filosóficos, científicos, políticos. Assim, a *arché* da ontologia é linguagem: a filosofia diz o ser enquanto é dito na linguagem. A potência de não, do negativo, foi banida. A história do Ocidente é a história da produção de dispositivos que articulam os entes em máquinas bipolares: vida/não vida, ato/potência, essência/existência, teologia/economia,Estado/governo, prêmio/condenação, humano/não humano.

Nessas máquinas bipolares Agamben reconhece um resto negativo que nunca é articulado, que não pode ser articulado, porque é a própria articulação, sua condição de possibilidade. Assim, por exemplo, na máquina vida/não vida, ou vida/vida-nua, há um pressuposto que não vem à linguagem, que é justamente a passagem de um polo ao outro. É o lugar da decisão.

Para Agamben, um dos poucos filósofos que conseguiu perceber essa pressuposição foi Heidegger. A questão filosófica fundamental já não é mais o que é o sujeito (a questão dos modernos), ou o *Ens Certissimum* (dos medievais) nem o ídios platônico, o próprio. A filosofia se pergunta agora como foi possível que o ser tenha sido disposto de tal ou qual maneira. Agamben propõe uma ontologia do estilo, das maneiras, dos modos possíveis de fazer vir à tona a pressuposição linguística que funda o Ocidente. É a recuperação de uma forma-de-vida em que o singular aparece na sua pura exemplaridade, em que a vida é sua própria forma, e em que a cisão ser/práxis é desobrada, tornada inoperante desde o vazio de sua própria articulação.

> [...] a noção de **forma-de-vida** situa-se, então, nas antípodas da noção de **vida nua** que havia dominado o primeiro volume da série, *Homo sacer, o poder soberano e a vida nua*. Enquanto essa última remete à vida animal, a *zoé*, na medida em que é capturada pelo dispositivo de exclusão-inclusão do **bando** soberano; a forma-de-vida é aquela que se situa por fora desse dispositivo. (Castro, 2012, p. 202, grifo no texto).

Segundo o Agamben (2011) o termo grego *oikonomía* também representa o modo da articulação técnica, ou como a técnica produz o mundo. *Oikonomía*, enquanto traduzida na tradição latina por dispositivo, é lida por Agamben (2005) na continuidade dos conceitos de *Positivität* e *Gestalt* em Hegel, que teriam sido apropriados por Foucault como *dispositif*: dispositivos disciplinares e epistemológicos.

O dispositivo é um acontecimento de linguagem, que produz o humano, ou, mais ainda, o conjunto das articulações que permitem produzir o humano e o não humano no mesmo ente. A questão do homem, os dispositivos e a linguagem, são um único e mesmo problema: uma ontologia que não é apenas um saber descritivo dos entes, mas uma máquina antropogenética. É essa **dis-posição** que produz o humano e, consequentemente, o não humano. Tentemos reconstruir a ordem dos argumentos que justificam essa relação entre os dispositivos e a ontologia na obra de Agamben.

Em uma conferência de 2005, intitulada *O que é um dispositivo?*, Agamben faz uma análise desse conceito na obra de Foucault. O esforço é necessário por dois motivos. Um que Agamben atribui à polissemia do conceito na obra foucaultiana, outro à característica intrínseca do pensamento filosófico, pois "as questões terminológicas são importantes em filosofia" (Agamben, 2005, p. 9).

Deve-se destacar que "o dispositivo ganha em Foucault a onipresença de um espírito que tende a estar presente em todo lugar, no entanto, nunca exatamente definível" (Brüseke, 2017, p. 6), e que em Agamben não vemos um aumento da precisão ou maior parcimônia no uso do conceito. Se para Foucault instituições, leis, enunciados da ciência e da filosofia, obras arquitetônicas, métodos de governamentalidade e tantas outras coisas podem ser dispositivos, para Agamben o conceito se generaliza ainda mais.

> Chamarei literalmente de dispositivo qualquer coisa que tenha de algum modo a capacidade de capturar, orientar, determinar, interceptar, modelar, controlar e assegurar os gestos, as condutas, as opiniões e os discursos dos seres viventes. (Agamben, 2005, p. 13).

Sem dúvida, o escopo é aumentado do direito à navegação, da religião ao cigarro. Tudo aquilo que foi produzido no Ocidente, com sua metafísica implícita da separação, da cisão e do controle, pode funcionar como um dispositivo que articula a vida em vida vivível e vida matável. Todavia, por mais que o conceito tenha se ampliado consideravelmente, Agamben possui dois méritos inegáveis na sua elucidação.

O primeiro mérito, que apresentamos em um ensaio anterior nosso (Souza Nunes; Artuso, 2020, p. 459 ss.), é o que Agamben chama genealogia teológica do conceito de dispositivo. Esse termo, que a patrística latina escolheu para traduzir o grego *oikonomía,* revela a cisão entre ser e agir, entre essência e existência, entre potência e ato, que marca a metafísica.

Ora, para Agamben, o dispositivo foucaultiano tem indubitáveis raízes hegelianas. Segundo ele, o conceito de *Positivität*, positividade, elaborado por Hegel nos escritos do período da juventude hegeliana, era conhecido por Foucault, via Jean Hyppolite. *Positivität* era, para Hegel, o conjunto de instituições da sociedade burguesa: arte, religião, família, universidade, ética. Sobretudo a religião tinha para Hegel a função de articular razão e emoção, de demover os sujeitos e de conformá-los em regimes éticos e políticos.

Mas a que os teólogos da patrística cristã pretendem responder com o conceito de *oikonomía/dispositio*? A fé cristã tem de arcar com a aparente contradição de crer em um Deus que é uno e trino. O dispositivo é justamente o modo da ação de Deus. A Trindade imanente, a Trindade enquanto em si mesma considerada de acordo com sua natureza (Ser) é una, sem possibilidade de separação, substância simples, eterna e incorruptível. Mas o modo pelo qual ela governa o mundo é considerado em um tratado à parte. Nele são pensadas as hierarquias angelicais, que são o modo de Deus relacionar-se com as coisas corpóreas. Para Agamben, são essas hierarquias que aparecem novamente assinadas no moderno aparato burocrático. A Trindade é considerada assim sob dois aspectos diferente. É o modo econômico que está na arqueologia dos modernos sistemas de dominação biopolítica. *Oikonomía, dispositivo*, é o modo como Deus dispõe no mundo e dispõe do mundo.

A arqueologia filosófica, que pretende evidenciar como os discursos se articulam positivamente e permanecem como marcas, assinaturas, que podem ser recuperadas nos dispositivos contemporâneos, é o método de análise da ontologia fundamental agambeniana (Agamben, 2019). Isso ficará ainda mais evidente em *O uso dos corpos* (2014), que encerra a saga *Homo sacer*. É apenas nessa obra que Agamben "acertará as contas" com a "falta" de uma genealogia teológica na história da filosofia.

Desde uma abordagem da filosofia aristotélica, que Agamben considera o local privilegiado da elaboração da metafísica e da constituição do dispositivo ontológico, o filósofo apresenta uma interpretação da noção de uso (*chresis*), que possibilita compreender como a vida foi cindida em vida vivível e vida matável, vida entregue à morte.

O escravo, na filosofia aristotélica, é aquele ente em que seu fim perfeito é alcançado na sua própria instrumentalidade. É por ele e nele que o homem virtuoso age no mundo, usa o mundo, enquanto no escravo ser e agir permanecem separados. Se o escravo realiza sua finalidade última, que é ser usado como instrumento da ação de outro, o homem virtuoso não tem finalidade, porque nele o ser e ação coincidem como pura possibilidade na indeterminação.

> Contudo, é justamente essa indeterminação de ser e práxis, hábito e energia, que marca, com sua ambiguidade, o estatuto da virtude: ela é o modo de ser de um sujeito (o homem virtuoso) e, ao mesmo tempo, uma qualidade de sua ação. O homem age bem enquanto é virtuoso, é virtuoso enquanto age bem. (Agamben, 2017, p. 88).

Não ocorre, todavia, um salto desde a filosofia de Aristóteles para o mundo contemporâneo. Ao contrário de Butler, por exemplo, que não reconhece a necessidade de expor os diversos estágios do desenvolvimento de uma ontologia naturalista, Agamben crê ser fundamental continuar essa arqueologia da cisão da vida ao longo da história da metafísica.

Para Agamben, uma noção-chave a ser explicada na arqueologia dos dispositivos ontológicos é a **instrumentalidade**. Não é fácil "remeter o instrumento ao âmbito da doutrina aristotélica da causalidade" (Agamben, 2017, p. 93). Uma tentativa de inserir o instrumento na categoria de causalidade foi feita pelos teólogos medievais. A partir do século XIII, ao lado da causa eficiente, eles definiam uma quinta causa, a qual chamam *instrumentalis* (Agamben, 2017, p. 93).

Essa causa instrumental, elaborada sobretudo por Tomás de Aquino, pretendia dar conta da doutrina dos sacramentos e dos problemas morais do catolicismo. A pergunta que rondava a cristandade era: como é possível que os sacramentos sejam celebrados por pessoas moralmente condenáveis, até por pessoas sem fé, e sejam ao mesmo tempo válidos? Um sacerdote que perdeu a fé, por exemplo, pode consagrar a Eucaristia?

A resposta da Escolástica é separar a causa eficiente da causa instrumental. O sacerdote não é causa eficiente do sacramento. Quem produz, quem causa a transubstanciação, por exemplo, é o próprio Deus. O sacerdote é apenas um instrumento em suas mãos. À diferença de um machado, ou de um martelo, que não podem recusar serem usados, um ser humano poderia abandonar sua instrumentalidade, poderia deixar de exercer o sacerdócio. O sacerdote é disposto e se dispõe no dispositivo ontológico. O próprio Tomás, na *Suma Teológica*, alude ao fato de que esse fato é uma "operação dispositiva", isto é, "uma operação que seguindo a própria lei interna, realiza um plano que parece transcendê-la, mas lhe é, na realidade, imanente, assim como Cristo opera *dispositive*" (Agamben, 2017, p. 95).

Agamben afirma que não é possível reconhecer as cisões da ontologia sem passar pela doutrina escolástica da causa instrumental que é "a primeira tentativa de dar uma figura conceitual à tecnologia" (Agamben, 2017, p. 96). É necessário reconhecer que é na Escolástica, e não na doutrina aristotélica das quatro causas, que acontece o "primeiro aparecimento na esfera da ação humana de conceitos de utilidade e de instrumentalidade que determinarão o modo pelo qual o homem moderno entenderá o seu fazer na humanidade" (Agamben, 2017, p. 97).

A causa instrumental não apenas produz a noção de um homem que usa os meios e é, em certo sentido, absorvido nesse mesmo uso, mas é a primeira vez em que o homem é discursivamente produzido como um puro instrumento animado.

É possível, então, afirmar que o dispositivo ontológico é a pura instrumentalidade elevada à causa autônoma? Essa não é toda a resposta que apresenta a filosofia de Agamben. Mais que isso, é "um dispositivo de cisão do ser" (Agamben, 2017, p. 139), que começa com a filosofia de Aristóteles, mas que não se encerra nela. A causa instrumental, obviamente, só pode ser pensada como um desenvolvimento ulterior do pensamento peripatético. Todavia, Agamben, que pretende construir uma nova ontologia "do estilo", em que os dispositivos bipolares seriam desoperados (2017, p. 252), em que a vida seria inseparável de sua forma (2017, p. 256), na qual "a singularidade dá testemunho de si no ser, e o ser expressa a si em cada corpo" (2017, p. 261), reconhece a necessidade de fazer a arqueologia da ontologia.

É nessa arqueologia em que se tornará patente como a pressuposição linguística, em que "a coisa nomeada acaba pressuposta como o não-linguístico ou o não relacionado (irrelato) com o qual a linguagem estabeleceu sua relação" (Agamben, 2017, p. 142), produziu uma vida indizível que é disposta e usada com pura instrumentalidade. Os atuais regimes de governamentalidade são mecanismos ontológicos de uso universal dos corpos. O dispositivo ontológico é a articulação do ser na linguagem como ser disponível, posto em ordem, usável, matável, abandonável, desprezível. Essa arqueologia será também uma antropogenética, pois também estará em posição de revelar como o homem foi produzido na ontologia e no seu fim técnico.

ANTROPOLOGIA TOMASIANA E DIFERENÇA SEXUAL

A MULHER NA PRIMEIRA PARTE DA *SUMA*

Antes de adentrarmos propriamente a antropologia tomasiana nos deteremos brevemente em alguns trechos da *Primeira parte* da *Suma*. Em um primeiro momento, analisaremos alguns casos nos quais a caracterização da mulher como um ser passivo e corporal é utilizada como metáfora ou alegoria para a ilustração de outros temas. Esse uso, no caso aqui por nós tratado, mais do que lançar luz sobre os temas tratados por Tomás, ajuda-nos a compreender o lugar que a mulher ocupa no imaginário filosófico.

Em um segundo momento, apresentaremos a cosmologia e a psicologia tomasiana, quadros mais gerais de inteligibilidade na qual sua antropologia se insere. Veremos que nesses tratados a mulher se destaca por sua ausência. A psicologia tomasiana, especulativa, metafísica e transcendental, pode nos levar a crer que não leva em conta os sujeitos empíricos. Contudo, já ali perceberemos que o sujeito pensado como universal é masculino. Veremos ainda como na passagem para a antropologia a produção da mulher aparece como um artifício da sua filosofia para garantir a própria subjetividade universal e dominante do homem-varão.

A mulher é constituída como uma espécie de limite exterior da subjetividade, muito próxima à corporeidade, e a diferença sexual emerge como um dispositivo que garante a sujeição "natural" da mulher.

Corporeidade feminina como alegoria

As primeiras referências à mulher na *Summa* se dão no primeiro tratado. Neste são apresentadas três questões interligadas sob a noção *De Deo*, que em geral abrem as sumas e apologéticas de todo tipo (Josaphat, 2012). Essa é a teologia e a metafísica de Deus considerado *imanentemente*, isto é, Deus em si mesmo, sem relacionar-se com o mundo. *De Deo*, por sua vez, divide-se em uma tripla articulação, com os seguintes temas: epistemologia teológica, do que é a ciência que Tomás chama (junto a outros escolásticos) *doctrina, sacra pagina*, ou simplesmente *sapientia*, de seu objeto e dos modos de conhecê-lo; em segundo lugar Deus pensado em um recorte que podemos chamar teologia natural; e, em terceiro lugar, um passo da teologia natural para a teologia revelada e a doutrina da Trindade. É nesse contexto que a primeira ocorrência do termo mulher se dá de forma paradigmática. O filósofo se refere à mulher não como um tema de reflexão, mas como um exemplo, um argumento demonstrativo sobre a ação de Deus. A questão 25 trata da Potência Divina. No artigo quatro dessa questão Tomás questiona se é possível para Deus fazer com que coisas que tenham ocorrido no passado não tenham existido, isto é, se o poder de Deus se estende ilimitadamente às coisas já ocorridas. Tomás usa o argumento escolástico clássico de que Deus não pode entrar em contradição consigo mesmo, e cita São Jerônimo dizendo que "Deus não poderia fazer de uma mulher violada não-violada".

> Ad tertium dicendum quod omnem corruptionem mentis et corporis Deus auferre potest a muliere corrupta, hoc tamen ab ea removeri non poterit, quod corrupta non fuerit. Sicut etiam ab aliquo peccatore auferre non potest quod non peccaverit, et quod caritatem non amiserit[7]. (S. Th., I, Q. 25, Art. 4, *ad tertium*).

É de se notar que essa primeira ocorrência se dê já no campo do feminino definido como corporeidade. Não fica claro no texto se o caso da corrupção (*corruptio*) mencionada se dá de forma violenta ou não. O termo *corruptio* se refere mais à ação perpetrada que ao

[7] "Quanto ao terceiro deve-se dizer que Deus pode tirar toda corrupção da mente e do corpo de uma mulher corrompida [violada, que tenha perdido a virgindade], mas não o fato de que tenha sido corrompida como não pode tirar de um pecador que tenha pecado e perdido o amor."

modo da ação. Todavia, o fato está aí: nem Deus pode desfazê-lo. A corporeidade feminina é usada como alegoria para um limite, no caso, da própria autolimitação lógica de Deus: ele não pode entrar em contradição consigo mesmo, não pode agir contra o ordenamento temporal engendrado a partir de sua própria ação.

A corporeidade feminina como alegoria é usada também na Questão 39, no artigo 2, para explicitar o modo da união das pessoas da Trindade em uma só essência, a unidade das hipóstases.

> Dicimus autem in rebus creatis formam quamcumque esse eius cuius est forma; sicut sanitatem vel pulchritudinem hominis alicuius. Rem autem habentem formam non dicimus esse formae, nisi cum adiectione alicuius adiectivi, quod designat illam formam, ut cum dicimus, ista mulier est egregiae formae, iste homo est perfectae virtutis. Et similiter, quia in divinis, multiplicatis personis, non multiplicatur essentia, dicimus unam essentiam esse trium personarum; et tres personas unius essentiae, ut intelligantur isti genitivi construi in designatione formae. (S. Th. I, Q. 39, Art. 2, *sed contra*).

O exemplo pretende mostrar que ter uma determinada forma não torna o ente em si múltiplo. Dizer que uma mulher tem uma bela aparência ou que um homem é virtuoso não significa dizer que nesse homem singular, ou nessa mulher singular, existam formas diferentes. O que nos interessa é perceber como se atribui aqui diferença entre os gêneros. O homem (*vir*) e tratado no trecho por *homo*, isto é, pelo gênero universal (ánthropos). A mulher é o diferente. Ao homem atribui-se a *virtus*, virtude e potência, característica por excelência do *vir*, enquanto à mulher se atribui, de modo paradigmático, a *egregia forma*, isto é, a aparência morfológica distintiva, a beleza do corpo.

Ainda que a questão da teologia das hipóstases seja em si relevante, inclusive para uma posterior formulação filosófica do conceito de pessoa, como já bem demonstrou Agamben (2011), é de notar-se o tropo que a mulher ocupa. Reconhecido para nós como um **estereótipo** relativamente comum, a mulher entendida sob o prisma da sua corporeidade, e esta entendida redutivamente em um vago conceito de beleza e pela mais vaga ainda noção de integridade sexual, aqui desempenha um papel importante. A mulher é pensada como metáfora para compreender as relações entre matéria e forma nas questões relativas à Trindade, em chave de **naturalidade**: é da natureza de Deus ser de tal e qual maneira assim como é da natureza da mulher ser tal e qual.

Se aqui o papel é alegórico, nas páginas seguintes da *Summa*, a mulher começa a ser pensada a partir de relações **antropológicas**. Se a antropologia de Tomás entende, como parece, o *vir* (*anér*) como o exemplo mais adequado de *homo* (ánthropos), tal qual o aparente uso sinônimo *vir=homo* sugere, a qual lugar se adscreve a mulher? E o que essa adscrição significa em termos de diferença sexual?

Da cosmologia à antropologia geral

A teologia cristã não aceita uma mera explicação cosmogônica do mundo, mas exige também um raciocínio **cosmológico** (Pannenberg, 2008). Isso significa que a menção do mito das origens, ainda que seja compreendido doutrinalmente como verdade revelada, não basta por si só para demonstrar **como** o mundo veio a ser. O mito oferece um quê (o mundo foi **criado**) e um quem (se foi criado, o foi por **alguém**, por uma pessoa, por um **artífice**). Entretanto, isso não apresenta nem o **como** o mundo foi criado, nem as **razões**, o **porquê** que move um ente pessoal a fazer um mundo.

> Na realidade, Tomás fala de uma tríplice sabedoria teórica: a filosófica (metafísica ou teologia filosófica), a sagrada doutrina ou teologia das Escrituras e a sabedoria, dom do Espírito Santo. A primeira é de caráter conceitual e procede com os recursos da razão (*ex lumine naturalis rationis*), a segunda é também de caráter conceitual, adquire-se pelo estudo como a primeira e procede à luz da revelação (*divino lumine cognoscibilia, divinitus revelata/revelabilia*), enfim a terceira procede por uma comunhão ou

> afinidade com o divino, ou seja, uma experiência do mesmo pelo dom de sabedoria que é a forma suprema do ágape, isto é, o amor de Deus comunicado aos homens. Trata-se de um conhecimento experiencial, não conceitual e incomunicável. (Nascimento, 2017a, p. 242).

Na complexidade do sistema tomasiano, o saber racional não é dispensado, e sim presumido como parte fundamental. A relação entre o saber conceitual e a revelação não é extrínseca, possuindo a mesma revelação uma racionalidade própria que deve ser explorada segundo um método adequado.

A rejeição da suficiência da explicação cosmogônica e a necessidade de um raciocínio ordenado, a cosmologia e a teologia cristãs compartilham com a filosofia clássica. Contudo, mesmo que Platão tenha chegado à formulação, um tanto metafórica sem dúvida, de um demiurgo que contempla as ideias e plasma o universo, pensar um ser pessoal que cria **do nada** repugnaria a qualquer mente grega. No entanto, por mais que nos pareça improvável à primeira vista, a ideia de um criador que cria *ex nihilo* não pertence à dimensão **cosmogônica** do cristianismo, mas à dimensão cosmológica. Apenas nos escritos de Teófilo de Antioquia (ca. 190 d.C.) é que a formulação da criação *ex nihilo* por mãos de um ente pessoal vem à tona: um Deus que personaliza o universo, pois "coroa" a criação com um ser, o *ish* hebraico, o ánthropos grego, o *homo* latino, síntese de dimensões espiritual (a imagem e a semelhança de Deus) e física (feito do barro da terra). Apesar de sumária, essa é, em síntese, a ideia de Teófilo que se repete em toda tradição posterior e que resume bem o núcleo da cosmologia cristã.

A antropologia tomasiana se enquadra nessa moldura. Ela tem que dar conta do lugar desse *homo* na totalidade da criação. Por isso, antes de apresentá-la, Tomás apresenta sua cosmologia, que começa pela criação de seres espirituais. Ademais, sua antropologia está situada nos termos da metafísica e psicologia aristotélicas. Por conseguinte, considera o humano como um ente racional, cognoscente, social, dotado de linguagem, como um composto hilemórfico. Mas é ainda uma antropologia **teológica**: que aborda o ente humano como **pecador**, como capaz de relacionar-se com Deus, relação que para Tomás é mormente marcada pela culpa, moral e, em certo sentido ontológica, porque os entes humanos são seres **faltantes** ante Deus, único *ens certissimum et perfectissimum*.

Da questão 65 à questão 72 Tomás se ocupa da descrição da sua cosmologia. Para isso, segue o mito cosmogônico da criação conforme os capítulos 1 e 2 do livro do Gênesis. Deus não se contenta em criar um mundo espiritual, mas engendra, a partir de sua livre vontade, um mundo corporal. Para justificar tal posição, o Aquinate enfrenta ideias gnósticas e dualistas que ainda sobrevivem em pleno século XIII e que afirmam que o mundo corporal não pode ser criação de Deus.

No artigo 2 da questão 65 atribui à bondade de Deus, que por definição quer comunicar-se, a criação da criatura corporal. É o retrato de um universo hierarquizado, no qual as criaturas "inferiores" são criadas para servir às criaturas "superiores", que por sua inteligência tendem a Deus, têm em Deus seu fim.

> Mais ainda: todo o universo e cada uma de suas partes ordenam-se para Deus, como para o fim, enquanto nelas a bondade divina por uma certa semelhança é representada para a glória de Deus. Todavia, as criaturas racionais, além disso, e de maneira especial, têm seu fim em Deus, que poderão atingir por seus atos de conhecimento e amor. (S. Th. I, Q. 65, Art. 2, *Respondeo*).

Cremos que devemos interpretar as noções de "inferior" e "superior" primeiramente em sentido ontológico: do menos complexo ao mais complexo, entendendo por "complexo" a multiplicidade de faculdades anímicas. Uma rocha, que não possui faculdades anímicas, é, nesse sentido, inferior a uma planta, que possui a potência da reprodução e da alimentação (alma vegetativa). Esta, por sua vez, é inferior ao animal, que possui potência sensitiva, capacidade estimativa, emoções primárias. A posição superior absoluta do homem na totalidade da criação corporal se deve ao fato de ser a única criatura que possui uma alma intelectiva complexa, possuidora de duas potências principais: a vontade livre e o intelecto, este por sua vez dotado de duas dimensões, a especulativa e a prática (Gardeil, 1967; Butera, 2010).

O sentido ontológico primário não exclui uma concepção moral implícita nessa divisão, que já se insinua em linhas anteriores na mesma passagem (I, Q. 65, Art. 2, *Respondeo*) em que Tomás afirma que as "creaturae ignobiliores sunt propter nobiliores" ("as criaturas menos nobres existem por causa das mais nobres"). Veremos ainda como essa noção de escalonamento ontológico com consequências éticas e políticas se reproduzirá na antropologia tomasiana.

A ordem cosmogônica adotada na explicação cosmológica reflete essa possível progressão de complexidade, já que no primeiro dia há a criação da luz, e só no sexto dia, ao fim de toda obra da criação, ocorre a criação do gênero humano. O que mais chama atenção é que na Q. 72, dedicada à obra do sexto dia (a criação do gênero humano), não há sequer uma menção à mulher. Certo que existem ao menos dois relatos da criação no *Gênesis*. Seguindo a "teoria dos quatro discursos" ou "teoria das fontes documentárias", que afirma existirem ao menos quatro fontes redacionais distintas na formação do *Pentateuco*, o capítulo 2, que representa a mulher sendo criada a partir da costela de Adão, seria um relato mais antigo (ca. 900-700 a.C.), de tradição javista (J). O relato do capítulo 1, que conta que homem e mulher foram criados juntos, ao mesmo tempo, do único barro primordial, seria mais tardio (ca. 500-400 a.C.) de tradição sacerdotal (P) (Ska, 200). Leituras feministas das *Escrituras* judaico-cristãs já têm atentado para o fato de que a diferença de redações expressa um processo de apagamento-recuperação da figura da mulher e de seu protagonismo na cultura semítica das origens (Reimer, 2005).

Tomás adota Gn 2 como relato paradigmático, tratando na Q. 72 apenas da necessidade e da conveniência da criação de uma criatura intelectual ao fim dos seis dias, adotando o termo *homo* alternadamente para o *vir* e para o gênero humano. Assim sendo, já aqui podemos observar, outra vez, a construção da ideia do *vir* como gênero universal, ou melhor, como o gênero humano na sua universalidade. Ao criar o *vir* criou-se o *homo*. Por isso, é interessante já sublinhar, que enquanto ao referir-se ao surgimento do *homo* usa o termo *creatio*, compreendida na totalidade da criação das *corporalis creaturae*, a respeito do homem e da mulher empíricos Tomás prefere falar em *productio*, produção, termo que mais à frente analisaremos. No contexto propriamente cosmológico a mulher se destaca por sua absoluta ausência.

Nesse primeiro contexto criacional, no âmbito da cosmologia, não há espaço para mulher como ente necessário, ou como ente possível, da natureza. É só na Q. 73, sobre o sétimo dia e o descanso de Deus, que aparecerá uma menção à mulher no contexto da criação. No Art. 1 Tomás indaga se é possível considerar a obra da criação terminada e concluída no sétimo dia. Ele responde que sim, já que ainda que as criaturas não tenham chegado ao seu fim último (o descanso e o repouso em Deus), chegaram à perfeição da substância. O fim último só será alcançado em perspectiva escatológica, no fim dos tempos, na bem-aventurança dos santos. Mas a perfeição da substância é a *integritas universi*, alcançada já pela *institutio* que o próprio Deus realiza.

> Ad tertium dicendum quod nihil postmodum a Deo factum est totaliter novum, quin aliqualiter in operibus sex dierum praecesserit. Quaedam enim praeextiterunt materialiter, sicut quod Deus de costa Adae formavit mulierem. Quaedam vero praeextiterunt in operibus sex dierum, non solum materialiter, sed etiam causaliter, sicut individua quae nunc generantur, praecesserunt in primis individuis suarum specierum[8]. (S. Th. I, q. 73, Art. 1, *ad tertium*).

Butler (2019), ao apresentar o discurso sobre a mulher na filosofia ocidental, reconhece como no período clássico o feminino foi associado à matéria (*mater, matrix, hylé*). Fazendo isso, a metafísica platônico-aristotélica, com suas diferenças específicas, atribui à

[8] "Quanto ao terceiro, deve-se dizer que nada do que foi feito ulteriormente por Deus é totalmente novo, porque de certo modo estava antecipado na obra dos seis dias. Algumas coisas preexistiram materialmente; por exemplo, ter formado a mulher da costela de Adão. Outras preexistiram nas obras dos seis dias, não só materialmente, mas também como causa; por exemplo, os indivíduos que agora são gerados foram precedidos por indivíduos de suas espécies."

"feminilidade" a noção de passividade, que foi transmitida aos séculos posteriores. Assim sendo, enquanto o polo ativo-positivo, a forma, a ideia, é associado ao masculino como princípio *spermatikós*, fecundante, o feminino é o receptáculo, a matéria preexistente fecundada, individualizada mediante a ação do masculino.

O que ocorre na obra tomasiana é diferente, ainda que o filósofo dependa de noções da metafísica aristotélica. A matéria preexistente se dá no *vir*. A perfeição da substância que aludimos anteriormente se dá na ausência da *mulier*. Esta é *formata de costa Adae*, da matéria já existente no **indivíduo** homem. Cabe aqui até uma questão, que pese sua aparente estranheza, tem consequências especulativas relevantes: poderia o agente criador não ter criado a mulher? A mulher é então supérflua na criação? Se respondemos pela negativa, ainda temos que dar conta de como então, em um sistema teológico-filosófico que preza pela exatidão das hierarquias, a criação pode ser considerada **perfeita** sem a mulher. Se dizemos que sim, a criação ainda seria perfeita sem a mulher, o que significa sua produção?

Nossa tese é que aqui estamos no momento da história da metafísica em que a mulher é produzida como um **outro** que é uma exclusão[9] que legitima a identidade masculina como sujeito primeiro das relações sociais, já que é ontologicamente primeiro.

Claro, a antropologia tomasiana terá de dar conta do fato irredutível da **procriação**, da continuidade da espécie. Mas é aí mesmo que reside a fantasia ideológica do Ocidente que gendra o corpo da mulher como o corpo **procriador**, como trabalho de reprodução da

[9] Luce Irigaray apresenta uma leitura "otimista" do lugar *outro* que a mulher ocupa. Enquanto Simone de Beauvoir recusa esse lugar, identificando outro e **segundo**, Irigaray quer fazer uma filosofia da diferença e assumir esse lugar como a possibilidade efetiva de construção de uma subjetividade diferente, uma subversão da subjetividade masculina. O que aqui indicamos é que esse outro é uma exclusão, como um grau de subjetividade inferior de uma subjetividade ideal. Nossa tese se distancia da de Irigaray, dado que para ela a preocupação é ocupar o lugar outro (uma heterotopia em sentido foucaultiano) e para nós é entender como foi possível essa máquina bipolar (masculino-feminino, com forte acento sobre o primeiro polo) para assim desarticulá-la desde dentro. Se Irigaray afirma a diferença, nós nos perguntamos como qualquer diferença excludente é possível, já que essa produção de subjetividade inferior é produzida não só aos sujeitos a que se atribui o nome "mulheres", mas a todos os que são "menos" sujeitos: crianças, idosos, homens gays, pessoas trans, migrantes, minorias étnicas. *Cf.* IRIGARAY, Luce. A questão do outro. **Labrys, estudos feministas**, n. 1-2, jul./dez. 2002.

espécie. No século XIII vislumbramos as origens do capitalismo. Não se trata tão somente da produção de capital, mas do engendramento de sistemas ideológicos que justificam a dominação, a propriedade privada e o uso dos corpos no regime de produção de mercadorias. Seguindo a tese de Federici (2017), não cremos que a mulher simplesmente tenha sido excluída dos processos de produção, empurrada para a vida privada. O trabalho doméstico e, sobretudo, a produção da espécie, com os cuidados que o processo exige, foram o modo de **inserção** da mulher no modelo socioeconômico então emergente, como mão de obra para a reprodução de corpos trabalhadores.

A antropologia tomasiana indica um caminho ideológico que esse sistema tomou. A mulher não é nem matéria disposta para a **formação** dos indivíduos, muito menos o fim ontológico do gênero humano, mas o **meio de produção**, o **instrumento ontológico**. É pelo seu serviço ao homem, do qual foi formada, e pela reprodução da espécie, que ela cumpre **seu papel**. Todavia, segundo a orientação teórica que aqui adotamos, não nos cumpre afirmar que a antropologia tomasiana tenha causado tal prática no Ocidente, nem que ela seja um **sintoma** da emergência de um sistema, mas é um conjunto de enunciados marcado por essas assinaturas que designam à mulher um papel de segunda ordem, ontologicamente subdeterminado.

A antropologia específica

Ainda não mergulhamos na antropologia. Até aqui, nos movemos no campo da cosmologia. A criação do gênero humano é o ponto de contato entre as duas disciplinas. Só no artigo 75 da *Primeira Parte* é que Tomás introduz o tema: "Post considerationem creaturae spiritualis et corporalis, considerandum est de homine, qui ex spirituali et corporali substantia componitur" (S. Th. I, Q. 75, *Prologus*). Essa é a **razão** ontológica do gênero humano: um composto espiritual-corporal. A primeira parte da antropologia, que se estende da questão 75 à 89, vem sendo chamada, apropriadamente, de **psicologia** tomasiana (Gardeil, 1967; Butera, 2010). Preocupa-se com a alma humana, suas potências, suas faculdades, o modo de conhecer. Em outro trabalho (Souza Nunes, 2020), apresentei uma possível divisão da psicologia tomasiana que aqui retomo:

1. Psicologia geral: da Questão 75 à 83;

a. Natureza humana, da união da alma e corpo, *hylemorfismo*: Questões 75 e 76;

b. A alma, sua divisão, potências e faculdades: Questão 77 a 83;

2. Psicologia específica, intelecto, vontade e inteligência, o gênero humano em seu próprio: Questão 84 a 89.

A mulher, como é possível imaginar pelo que até agora apresentamos, prima pela sua absoluta ausência nesse tratado. Claro, podemos afirmar, com o bom senso que a filosofia nos exige, que se tratam aí de condições transcendentais do conhecimento, da estrutura metafísica do ser humano e não dos humanos empíricos, pelo que não haveria motivo para uma descrição empírica da **psicologia da mulher**, em contraste com a **psicologia do homem**. Mas, como já nos precavemos, há um deslocamento sinonímico entre os termos *homo* e *vir*. A cosmologia nos ensinou que o *vir* criado já é a perfeição do *homo*. A psicologia do *homo*, por sua vez, é pensada no lugar cosmológico e ontológico do *vir*, não obstante Tomás usar várias vezes termos mais gerais, como *humana anima* e *humana specie*, que indicam o humano transcendentalmente considerado, não empiricamente. Como os Estudos Feministas e a Teoria *Queer* vêm nos alertando, o lugar universal tem sido sempre o lugar do homem, que nem sequer considera a sua situação como também gendrada.

Não podemos, então, simplesmente assumir como garantido e pacífico esse pretenso lugar universal. Até então, Tomás não apresenta o lugar antropológico específico da mulher. Apareceu na *Suma* apenas como metáfora ou como um outro produzido de um ente primeiro, o homem, o *vir*, perfeição da criação. Como então assumir que, tendo ocupado esse lugar ontológico dependente e secundário, a mulher estaria contemplada na psicologia tomasiana?

Se a ausência, por si só, não representa categoria epistemológica positiva, isto é, a ausência de conceito não é conceito algum, por outro lado indica uma inconsistência. A mulher **faltante**, que depois de séculos apareceria em quadros de inteligibilidade tão distintos do quadro epistemológico tomasiano, tal como a psicanálise, é produzida como ausência: é aquela que é apresentada como ausente na perfeição da criação. Da Questão 75 à 89, a união perfeita da alma com o corpo, as faculdades, as potências, ali representadas são aquelas de Adão: do homem (*homo* e *vir*) como ente perfeito para o qual a mulher é apenas um instrumento.

Entremos então no tratado sobre as "origens do homem" que compõe a segunda parte da antropologia tomasiana. Lembremos, como já advertimos algumas vezes, a obra de Tomás é uma conciliação entre as exigências teológicas de sua fé e o legado filosófico platônico e, sobremaneira, aristotélico, do qual ele foi um dos mais importantes responsáveis pela reinserção de seu pensamento no Ocidente[10]. Assim, na primeira parte de sua antropologia, a psicologia, ele parte sobretudo da psicologia aristotélica[11]. Nessa segunda parte,

---

[10] Destacamos que é bem possível que não houvesse a filosofia de Tomás tal como a conhecemos sem seus predecessores árabes, como Avicena e Averróis. Ele mesmo reconhece isso e, em vários momentos de sua obra, debate com tais pensadores. Aliás, podemos ler várias obras de Tomás como uma resposta, mais explícita em um ponto, menos em outro, ao averroísmo e ao avicenismo. Segundo Nascimento (2017), boa parte do trabalho de Tomás consistiu no debate com os averroístas latinos sobre a correta interpretação da obra aristotélica: "Uma de suas críticas aos 'averroístas latinos' é justamente que eles não sabiam ler Aristóteles, que a interpretação dada por eles não coadunava, nem com o texto de Aristóteles, nem com o de seus comentadores gregos e árabes e nem mesmo podia se sustentar pura e simplesmente. Assim, ele desce à arena de seus interlocutores da faculdade de artes e procura dizer a verdade e refutar o erro" (Nascimento, 2017, p. 48). E ainda, sobre a relação entre Tomás e Avicenta, afirma Nascimento (2005, p. 57): "S. Tomás de Aquino utiliza o esquema aviceniano referente à essência em toda sua obra, desde o juvenil tratado sobre *O ente e a essência* até seus comentários de maturidade ao *De anima* e à *Metafísica* de Aristóteles".

[11] Vale destacar que o primeiro texto que Tomás comenta de Aristóteles é justamente o *De anima*, o tratado por excelência da psicologia aristotélica. Ademais, o projeto da *Suma* é articulado em paralelo ao projeto de comentário da obra aristotélica. É o que afirma Nascimento (2017, p. 47): "Esse comentário, de acordo com os dados resumidos por Torrell, deve ser datado do período entre o fim de 1267 e setembro de 1268, quando Tomás parte para Paris, a fim de assumir pela segunda vez a cátedra de teologia 'dos estrangeiros'. Tomás estava pondo em prática uma organização de seu trabalho centrado na redação da *Suma de teologia*. Paralelamente ao que estava escrevendo na Suma, comentava um livro de Aristóteles e organizava disputas relacionadas com o tema. Assim, as questões *Sobre o poder de Deus* são paralelas às questões da primeira parte da *Suma de teologia* sobre Deus e a criação. As questões

sem desconsiderá-la, bem como a metafísica, usa de tais argumentos para justificar racionalmente o relato da criação do gênero humano, concluindo aquilo que amplamente chamamos cosmologia cristã, da qual a antropologia é a parte eminente, pois trata do surgimento do ente mais complexo, o ente humano racional.

Detenhamo-nos brevemente no prólogo da Q. 90, intitulada *De prima hominis productione quantum ad animam*. Diz o prólogo (S. Th. I, Q. 90, *Prologus*):

> Et circa hoc consideranda sunt quatuor, primo considerandum est de productione ipsius hominis; secundo, de fine productionis; tertio, de statu et conditione hominis primo producti; quarto, de loco eius. Circa productionem autem consideranda sunt tria, primo, de productione hominis quantum ad animam; secundo, quantum ad corpus viri; tertio, quantum ad productionem mulieris[12].

O texto parece sugerir que devem ser considerados como ontologicamente distintos dois fatos: a criação do gênero humano de um lado, e, por outro, o surgimento dos indivíduos específicos, e estes gendrados como homem ou mulher. Entretanto, é apenas uma sugestão de compreensão, que parece pouco verificável, e isso por dois motivos.

O primeiro é que Tomás não adota a psicologia platônica e sim a aristotélica, como sobejamente temos afirmado. Logo, é inaceitável para ele pensar uma alma existente em si mesma **antes** da criação do corpo. *Anima* em Tomás significa o **princípio intelectivo**, que se une ao corpo como sua *forma* (S. Th. I, q. 76, Art. 1, *sed contra*), isto é, como ato de uma potência intelectiva. Não há outra *forma*, outro princípio substancial do gênero humano que a *anima intelectiva* (S. Th. I, Q.

Sobre a alma e *Sobre as criaturas espirituais* fazem paralelo às questões 50-64 e 75-89 da primeira parte da Suma, respectivamente sobre os anjos e a alma humana."

[12] "E sobre isso quatro coisas devem ser consideradas: primeiro, deve ser considerado a produção do próprio homem; segundo, o fim da produção; terceiro, sobre o estado e a condição do primeiro homem produzido; quarto, o seu lugar. Sobre a produção há três coisas que devem ser consideradas: primeiro, a produção do homem no que se refere à alma; segundo, quanto ao corpo do homem; terceiro, quanto à produção da mulher".

72, Art. 4). Assim sendo, é inadequado, para dizer o mínimo, que consideremos a alma tomasiana em sentido platônico, como coisa efetiva à parte do corpo, muito menos que consideremos alma e corpo como duas substâncias efetivas e contrapostas. Uma é a forma, o outro é matéria, aqui sim pura potência indeterminada, posta em ato por aquela forma. Esse raciocínio funciona, lembremos, fora da relação matéria-feminino, forma-masculino, já que, por causa do mito cosmogônico, matéria e forma passam a ser propriedades análogas ao masculino.

Isso nos leva ao segundo argumento, derivado desse primeiro. Se a alma não é uma substância efetiva contraposta ao corpo como substância outra, e se a totalidade da *persona* humana é a união corpo-alma intelectiva, como aparece na Q. 72, para Tomás a produção da alma é uma produção **incorporada**: se dá sempre **no** corpo. Não há alma intelectiva, e, por conseguinte, não há cognição possível, fora da corporeidade. Não obstante, Tomás terá de lidar com a escatologia, ou seja, com doutrina cristã das coisas últimas: se todo conhecimento só é possível no corpo, a alma (que é imortal) conhece após a morte do corpo? Bom, para o filósofo pode haver um saber aí, mas que é de outro tipo, similar ao saber angélico. Se então a alma é sempre alma de um corpo, Tomás rejeita o argumento do teólogo Orígenes, de influência médio-platônica, de que é necessário postular uma pré-existência de todas as almas, criadas todas em um único ato da soberana vontade divina, e que cada uma a seu turno encarnaria em corpos pré-determinados desde a eternidade, como aparece no tratado origenista *De Principibus*. É essa ideia que a antropologia tomasiana firmemente rejeita: "Est quod actus proprius fit in potentia própria. Cum ergo anima sit proprius actus corporis, anima producta est in corpore[13]" (S. Th. I, Q. 90, Art. 4, *sed contra*).

Duas ideias se impõem a partir dos argumentos precedentes. A primeira é que uma condenação global de toda filosofia cristã, isto é, de toda filosofia que tenta se haver com o paradigma teológico da tradição cristã, como um dualismo não é exata. Ao contrário, e Tomás

[13] "O ato é feito na própria potência. Portanto, já que a alma é o ato do próprio corpo, é no corpo que a alma é produzida."

evidencia, há sempre duas dimensões a serem tratadas: imaterial e material, corpo e espírito, natural e sobrenatural, incomensuráveis entre si. Vale dizer, nem tudo que é imaterial é *per se* sobrenatural. O pensamento, que é imaterial para Tomás, é da ordem da natureza, não da ordem sobrenatural. Dado o limite desta pesquisa, não nos convém tratar dessas relações entre uma ordem natural (natureza material e imaterial) e a ordem sobrenatural (a ação da graça). Todavia, dentro da ordem natural a dualidade material- imaterial não se configura como dualismo. Dualismo significa oposição irreconciliável. Como pode haver dualismo quando se afirma a necessidade da conciliação, ou, mais ainda, quando se consideram os dois elementos como dimensões intrínsecas e necessárias de uma única totalidade, no caso o gênero humano (*homo*)?[14]

A segunda ideia é o fato de que a produção da mulher como um **outro** segundo e ontologicamente subdeterminado se impõe ainda mais. Na q. 90, Art. 2 Tomás afirma que ao criar o gênero humano, imediatamente Deus produziu um corpo. A conclusão se impõe das premissas: se a alma só pode ser produzida *in corpore* e se o gênero humano é a totalidade da união entre corpo e alma, para haver um *homo* tem de haver um *corpo*. Esse corpo é, na antropologia tomasiana, gendrado como *vir*.

Mas até que ponto se estende o ser gendrado? Ser *homo/vir* significa aqui ser uma determinada configuração sexual? Não, porque esse homo/vir é pensado como o universal. O sexo é o *outro*, o particular. Só com a criação da mulher é que o ser sexuado emerge. Quando Tomás descreve a disposição corporal do *homo* nos artigos 3 e 4 da q. 91 nem menciona os órgãos sexuais, ou qualquer outro marcador de diferença sexual. Aliás, em toda q. 91, que trata da criação do humano, nenhuma vez a palavra *vir* é mencionada, nenhuma vez a ideia de diferença sexual é mencionada, nenhuma vez o gênero humano, presumivelmente gendrado como varão, tem qualquer característica que em linguagem contemporânea poderíamos chamar de ser sexuado.

---

[14] Talvez possamos considerar essa divisão como um **paralelismo**. Contudo, limito-me a indicar a existência dessa discussão, que compete mais ao campo da filosofia da mente.

A PRODUÇÃO DA MULHER

Do que foi até aqui exposto, temos suficientes argumentos para compreendermos a antropologia de Tomás como uma teoria **androcentrada**, ideologicamente construída em torno da sinonímia *vir = homo*. O *vir* é apresentado, ao menos até agora, como *exemplum* do humano.

No presente capítulo nos aprofundaremos no problema da "produção da mulher" nos termos da antropologia tomasiana. A nossa tese, que, julgamos, será suficientemente explicitada adiante, é de que não só o *vir* é o *exemplum* do *homo*, do gênero humano, como cada indivíduo marcado pelo índice[15] **homem** é considerado um singular que apresenta o universal, enquanto os indivíduos marcados pelo índice **mulher**, em cada singularidade, são o **contraexemplo**, isto é, o negativo forjado ideologicamente para pôr em destaque aquilo que se consideram ser as características típicas do masculino e, por extensão, do sujeito universal abstrato.

Em outras palavras, o uso da sinonímia *vir=homo* não tem uma função de metáfora, mas sim de metonímia. Não seria apenas no primeiro homem, Adão, que *vir* e *homo* coincidiriam. Em cada homem singular a coincidência seria perfeita, pois cada varão seria um exemplo mais adequado do gênero humano que o conjunto

---

[15] A noção "marcado pelo índice" tenta ser um expediente de precisão conceitual. Desde o momento em que acolhemos uma perspectiva arqueológica e genealógica da sexualidade e do gênero, não podemos simplesmente reconhecer "homem" e "mulher" como realidades simplesmente dadas, como instrumentais neutros disponíveis ao nosso uso, como se houvesse algum tipo de instrumental conceitual e nocional que pudesse ser considerado neutro. A perspectiva aberta pela análise do discurso pós-estruturalista, configurada como uma arqueologia das formas culturais e como uma genealogia das práticas e tecnologias do eu, justamente se pergunta pela relação de enunciados que permitem, ou mesmo compulsoriamente determinam, marcar um corpo como masculino ou feminino. Por tal, preferimos em alguns casos utilizar a expressão "marcado pelo índice" que denota a não naturalidade do ser masculino ou feminino, mas a reiteração linguística que gera índices (nomes, conceitos, marcas) que perpassam em uma certa configuração corporal (marcado por). Assim, com a noção expressamos o fato de que alguns corpos são marcados como X ou Y, e nos abstemos de qualquer genealogia ou arqueologia do porquê dessa marcação naquele determinado contexto. É, em suma, metalinguagem da arqueologia.

inteiro das mulheres. Da mesma forma, não seria apenas na primeira mulher, Eva, que se poderia localizar uma noção de feminino como ontologicamente segundo, mas em cada mulher singular se revela a dependência intrínseca articulada como diferença sexual.

Para que tais ideias sejam apresentadas com maior clareza é necessário determo-nos na Q. 92. Nesta está concentrada a doutrina antropológica de Tomás sobre a mulher. Veremos, como já indicamos no capítulo anterior, que não podemos simplesmente encarar a psicologia e a antropologia tomasianas como **transcendentais** em oposição a uma doutrina empírica do ser homem. Ao contrário, essa doutrina transcendental é antes uma psicologia e antropologia gendradas, referenciadas a partir de uma noção de masculino articulada como a experiência do universal. Olhar com atenção para essa parte da sua doutrina, ainda que possa ferir a sensibilidade da nossa reflexão moderna, é um passo necessário. Tentaremos reconhecer as assinaturas, os pontos de inflexões, que são reconhecíveis na história posterior do pensamento.

QUAESTIO 92

Antes de analisarmos cada um dos aspectos mais pertinentes expostos na Q. 92 para aí reconhecermos as assinaturas da produção do conceito de "mulher" que arqueologicamente localizamos, é conveniente apresentar o plano geral dos argumentos ali apresentados.

Como tenho ressaltado, reconhecemos em Tomás, à primeira vista, a elaboração de uma psicologia e antropologia não empíricas. A doutrina da alma no contexto da antropologia visa estabelecer as condições que, em linguagem moderna, chamamos transcendentais: a alma considerada como forma de uma totalidade da qual o corpo é a matéria (psicologia geral) e a alma considerada em suas potências e faculdades (psicologia específica). Da Q. 65 à 74 da *Primeira Parte* se enuncia a cosmologia, e o homem como criatura cosmologicamente situada. Já aí, aludíamos, o gênero humano é pesando como *vir*: os indivíduos marcados pelo índice "homem" são considerados o *exemplum* universal. Assim sendo, é importante ressaltar, a psicologia geral

(Q. 75 a Q. 83) e a psicologia específica (Q. 84 a q. 89) já se movem nesse terreno em que a parte é tomada pelo todo, isto é, em que ser varão é considerado a perfeição do ser humano.

Contudo, desde a Q. 90 à Q. 102, em que se apresentam "as origens do homem", não se trata apenas do gênero humano considerado transcendentalmente. Ao contrário, Tomás pergunta explicitamente pelo surgimento no tempo e na história do conjunto de entes humanos. Suas perguntas não são mais apenas metafísicas, como "há no homem, além da alma intelectiva, outras almas essencialmente diferentes" (S. Th. I, Q. 76, Art. 3), que supõem considerar um homem *tipo*, sem traços empíricos. Em tal questão, ainda que o *vir* seja tomado como *exemplum* do *homo*, há uma pergunta que se faz por características de **todo ente humano**. Seja homem ou mulher, nenhum ser humano tem outra alma que não a intelectiva.

A partir da Q. 90, não obstante Tomás mantenha o mesmo método argumentativo, deduzindo a partir de ideias mais gerais conceitos mais específicos, ele entra no domínio dos entes empíricos. A Q. 90 trata da criação da primeira alma humana. É ali que descreve as condições universais e necessárias da produção da forma, para assim descer à origem na história do ente humano. Resumidamente, as conclusões a que o Aquinate chega são: é necessário que a alma tenha sido produzida como coisa outra de Deus, e não seja uma parte de sua substância (Art. 1, argumento contra os neoplatônicos, contra os averroístas, contra os avicenistas e a filosofia judaica da época); o modo da produção da alma é criação única de Deus, um ato livre, e nunca por outro meio; ela foi produzida imediatamente por Deus, sem a mediação de qualquer outro ser, como um anjo; ela não foi produzida antes do corpo (argumento contra os origenistas e neoplatônicos), já que é ato do próprio corpo, como no capítulo anterior aludimos

Aqui se encontra uma sutileza que é fundamental observarmos. Ao tratar da criação do primeiro *homo*, que é um *vir*, embora já tenhamos mencionado que esse é apenas um relato da criação em Gênesis, Tomás divide o tema em duas considerações: de um lado temos a alma considerada *in abstracto*, ainda que reconheça que a alma não pode ser produzida sem o corpo, pois é um ato desse; do outro lado a produção do **corpo** do homem, também considerado *in abstracto*, ainda que na Q. 91, Art. 4, *ad quartum* Tomás afirme que Deus criou corpo e alma do primeiro homem como um único ato:

> Sed contra rationem perfectionis primae institutionis rerum est, quod Deus vel corpus sine anima, vel anima sine corpore fecerit: cum utrumque sit pars humanae naturae. Et hoc etiam est magis inconveniens de corpore, quod dependens ex anima, et non e converso[16]. (S. Th. I, Q. 90, Art. 4, *Ad tertium*).

A natureza humana, como se repete em várias partes da *Suma*, é uma totalidade de corpo e alma. Entretanto, Tomás nessa passagem submete a dimensão corporal àquela anímica. Não é necessário recorrer ao dualismo em sentido forte para explicar essa passagem – dualismo que, esperamos, tenha se mostrado uma resposta inadequada para ler a antropologia tomasiana, conforme argumentamos no capítulo anterior. Há no texto em questão uma evidente **submissão** da corporeidade à racionalidade. O corpo depende da sua forma, do seu princípio de substancialidade que é a alma **intelectiva**, racional. A demonstração das condições necessárias da produção do primeiro homem em duas questões, compondo um duplo argumento, obedeceria, por conseguinte, à racionalidade ontológica que Tomás quer expressar. Como mais importante, era necessário demonstrar a produção da alma, pois que ontologicamente primeira, ainda que a mesma narrativa bíblica da qual o argumento parte apresente a alma como produção segunda em relação ao corpo[17].

---

[16] "Mas é contra a razão da perfeição da primeira criação das coisas que Deus tivesse feito o corpo sem a alma ou a alma sem o corpo: pois ambos são parte da natureza humana. E isto é ainda mais inconveniente em relação ao corpo, que é dependente da alma, do que ao contrário."

[17] "Então IHVH Deus modelou o homem com a argila do solo, insuflou em suas narinas um hálito de vida e o homem se tornou um ser vivente" (Gn 2, 7). Esse é um debate que tem uma longa tradição nos estudos de antropologia bíblica, mas que convém aqui ser apresentado resumidamente. Os habitantes do Israel bíblico não criam na existência de uma vida após a morte, ou de uma alma em separado. Aliás, a palavra que comumente se traduz por alma desde o texto hebraico é "*nêfesh*", que significa "garganta". É difícil precisar quando a crença em vida pós-morte entrou em Israel, mas tudo indica que tenha sido por ocasião da ocupação grega, do IV ao II século a.C. Entretanto, a ideia de uma vida em separado

É preciso que tenhamos presente esse encadeamento argumentativo para analisarmos a Q. 92. Seria apenas uma especulação infrutífera, pois não temos acessos às determinantes das escolhas do indivíduo Tomás, mas poderíamos perguntar por que teria escolhido o relato da criação em que a mulher é criada em segundo lugar. Ainda que jamais tenhamos uma resposta exata, a concatenação dessas três questões (90, 91, 92) e os argumentos específicos da Q. 92 parecem confirmar nosso ponto: a consideração da mulher como ontologicamente outra, segunda e dependente.

A Q. 92 se divide em quatro artigos. O Art. 1 formula a necessidade de a mulher ter sido produzida na primeira criação, isto é, no início junto ao indivíduo universal *vir*. As razões dessa produção, como veremos, são todas elas instrumentais, ou ainda funcionais, isto é, **em função** do *vir*.

O Art. 2 avalia a necessidade e a conveniência de a mulher ter sido produzida a partir da matéria pré-existente no corpo do homem. Esse artigo tem especial relevância, pois marca dois importantes pontos de diferença em relação à Antiguidade, em especial à filosofia de Aristóteles: de que a matéria seja em si mesma compreendida como feminilidade-passividade, ou que a disposição da matéria seja uma atividade-passividade da mulher, não obstante a característica determinante do ser mulher seja a passividade; e a emergência da diferença sexual como parte de uma intencionalidade ontológica inscrita nos entes pelo Criador.

O Art. 3 apresenta se é procedente o fato de a mulher ter sido feita a partir da costela do *vir*. Apesar de que a nossos olhos contemporâneos isso possa ser interpretado com certa estranheza, o tema tem um importante caráter arqueológico. No artigo se deixa entrever uma série de assinaturas que apontam para uma naturalização, uma ontologização, de diferenças sexuais e de gênero. Assim, no mesmo sentido caminha o Art. 4, em que se trata de a mulher ter sido feita

da alma parece ter sido sempre repudiada, tanto que a única concepção de vida pós-morte passa pela ressurreição do corpo físico. Para mais informações *Cf.* WOLFF, Hans Walter. **Antropologia do Antigo Testamento**. Editora Hagnos, 2008.

ou não imediatamente por Deus. Perguntar se o princípio e autor de todas as coisas produziu um ente mediado por outros entes ou não apresenta duas concepções ontológicas distintas da diferença sexual: numa, a mulher é uma simples variação defeituosa do homem; na outra, a diferença é algo inscrito na ordem da natureza, ainda que, estranhamente, não de maneira natural, mas antes preternatural. A mulher é produzida como a diferença garantidora da identidade universal do sujeito abstrato, marcado sempre pelo índice homem.

A mulher deveria ser produzida na primeira produção das coisas

Na Q. 92, Art. 1, Tomás se manifesta a favor da necessidade de que a mulher fosse produzida (*debuit producі*) na primeira produção das coisas (*in prima rerum productione*). Ser produzida na produção primeira significa que o aparecimento empírico na existência não é acidental, isto é, não se deve a uma variação fortuita da matéria. A diferença sexual está inscrita, para Tomás, na **ordem da criação**, isto é, é ontologicamente constituída desde o início. Isso se pode deduzir das teses dos opositores que o filósofo apresenta.

> Dicit enim Philosophus, in libro *Generatione Animalium*, quod femina est mas occasionatus. Sed nihil occasionatum et deficiens debuit esse in prima rerum insitutione. Ergo in illa prima rerum institutione mulier producenda non fuit[18]. (*S. Th.* I, Q. 92, Art. 1, *dicit*).

Essa tese enunciada como contraditória à tomasiana é a definição clássica da filosofia Aristotélica. A fêmea seria um *mas occasionatus*, um macho falho. *Occasionatus* está no mesmo campo semântico de *accidens, accasum, accadere*. Ser falho é ser acidental, é não ser inscrito na ordem ontológica primeira.

[18] "Com efeito, diz o filósofo no livro da *Geração dos animais* que a "mulher é um macho defeituoso". Mas nada de defeituoso e deficiente deveria haver na primeira instituição das coisas. Logo, a mulher não poderia ser produzida na primeira instituição das coisas."

O historiador Thomas Laqueur destaca que essa concepção aristotélica, somada aos conhecimentos da medicina hipocrática e de Galeno, foram o paradigma de compreensão da sexualidade humana até pelo menos o século XVIII. Segundo ele, essa noção de **corpo falho** se estende até os detalhes morfológicos. Um órgão feminino não seria em si mesmo feminino, mas um órgão masculino que não chegou à sua perfeição anatômica.

> Nesse mundo, a vagina é vista como um pênis interno, os lábios como o prepúcio, o útero como o escroto e os ovários como os testículos. O letrado Galeno citava as dissecações de Herófilo, o anatomista de Alexandria do século III a.C., para respaldar a sua afirmação de que a mulher tem testículos com canais seminais muito semelhantes aos do homem, um de cada lado do útero, com a diferença que os do homem são contidos no escroto e os da mulher não. (Laqueur, 2001, p. 16).

Quando Tomás cita a opinião da escola aristotélica, ou se preferirmos "clássica", como oposta à sua, ele não se confronta com um argumento menor entre outros argumentos. Essa era a ciência dominante da época. Como homem da universidade nesse seu período inicial de constituição, e, embora sendo um teólogo e filósofo e não um médico, ou filósofo da natureza, é de se imaginar que tenha lidado vez ou outra com esses argumentos em público.

Poder-se-ia objetar, porém, que a filosofia aristotélica estava em processo de "retorno" no Ocidente cristão, principalmente por meio dos filósofos árabes. Todavia, a dominância dessa visão do sexo único, mesmo nos meios da filosofia e teologia cristãs, deixa-se evidenciar pelos outros argumentos contrários aos seus que Tomás apresenta.

No segundo argumento contrário o filósofo apresenta as opiniões aduzidas desde Gregório Nazianzeno e Agostinho de Hipona. É preciso deixar claro, contudo, que para esses pensadores a mulher foi sim produzida na criação primeira. Esse é um ponto pacífico entre os teólogos de uma certa ortodoxia hegemônica no Cristianismo. Mas os argumentos aludidos afirmam que a condição de inferioridade da mulher é natural, dada sua inclinação para o pecado, conforme o mito da criação em Gn 2 e 3. Ainda Tomás afirma que "é melhor ser agente do que paciente". A diferença da mulher em relação ao homem é, de novo, o caráter passivo da sua natureza, que por isso a torna mais inclinada ao pecado. É, por conseguinte, uma versão do homem que não chega à plenitude da atividade, mas permanece na espera passiva.

Já o terceiro argumento contrário não assume a lógica da ordenação passividade- atividade, mas sublinha que a mulher é *occasionem peccati* e que Deus não poderia ter criado no momento primeiro da criação um ser que levaria sua obra ao pecado. Em certo sentido, isso configuraria Deus como causa do pecado, o que é um contrassenso.

O que não pode passar despercebido nesses argumentos é que se a mulher não está inscrita na ordem natural como **necessária**, logo ela só poderia ser o resultado de um desvio ontológico. Ora, o "desvio ontológico" por excelência da metafísica cristã é o *pecado*. A palavra *peccatus* também ocupa um espaço semântico próximo a *accidens* e a *occasionatus*. Pecado é o acontecido pelo caminho, o *desvio*, o sair da via, que traduz o grego *hamartía*. O pecado original seria esse desvio moral que causaria consequências ontológicas. Esse é um tema importante da antropologia teológica, e em torno do qual também se desenvolve a antropologia de Tomás e sua hamartiología, sua doutrina sobre o pecado. Todavia, não a podemos explorar aqui. Podemos, sim, atentar ao fato de que essa noção da mulher como ocasião de pecado parece ser bem explorada pelos opositores que Tomás chama ao debate.

Se Deus cria a mulher (e esse é um fato inegável na teologia) ela não é intrinsecamente má, ou defeituosa, ou inecessária. Admitir isso seria assumir que Deus poderia criar o mal que, como já afirmamos, é um contrassenso, pois é da natureza de Deus criar coisas em si mesmas boas.

É aqui que o segundo relato da criação em Gênesis 2 se revela estratégico. A mulher não é defeituosa, nem mesmo inferior, mas sua criação é "em ordem de", destinada a um fim dependente: "Não é bom que o homem esteja só. Vou fazer uma auxiliar que lhe corresponda" (Gn 2, 18). No texto da Vulgata, tradução latina da Escritura que é usada à época de Tomás, o texto diz "faciamus ei adiutorium símile sibi", isto é, "façamos-lhe um auxílio que seja semelhante a ele".

Mas auxiliar em quê? Que tipo de parceria se entende aqui? É difícil precisar a intenção do autor bíblico. Segundo Kibuuka (2010, p. 115), a relação estabelecida entre os homens e os animais era de superioridade, mas "ao criar a mulher, Deus viabilizou a comunhão do homem com um ser igual a ele". Contudo, essa compreensão de comunhão, ainda que possa estar implícita no texto, não produz necessariamente uma interpretação que viabiliza uma relação que não seja de sujeição. Tomás prefere entender como uma ordenação no sentido da geração, da procriação da espécie.

> Respondeo dicendum quod necessarium fuit feminam fieri, sicut Scriptura dicit, in adiutorium viri: non quidem in adiutorium alicuis alterius operis, ut quidam dixerunt, cum ad quodlibet aliud opus conevenientius iuvari possit vir per alium viri quam per mulierem: sed in adiutorium generationis[19]. (*S. Th.* I, Q. 92, Art. 1, *respondeo*).

Essa passagem de Tomás estabelece em termos ontológicos aquilo que se constitui como prática social. Ainda que não adotemos aqui o ponto de vista especificamente marxista na leitura da obra do Aquinate, talvez possamos aduzir a ideia apresentada por Federici (2010) de que no processo de acumulação primitiva do capital, na formação do capitalismo, cada vez mais as mulheres foram empurradas das atividades públicas e comuns para dentro do lar, por meio de um complexo processo de violência, destituição, disciplinamento, seja na economia, na medicina, na religião, no trabalho.

Então, Tomás afirma ontologicamente aquilo que se produzia socialmente. Mas o que significa isso na constituição de um conjunto

[19] "Respondo dizendo que foi necessário que a mulher feita, com diz a Escritura, como auxílio par ao homem: não, como disseram alguns, em para ajudá-lo em algum trabalho, pois em qualquer outro trabalho o homem poderia ser ajudado mais convenientemente por outro homem do que pela mulher. Mas para ajudá-lo na geração".

de enunciados? Significa a conciliação entre um paradigma que apenas começa a preparar as condições de sua erosão (o sexo único) e outro que começa emergir (a diferença sexual). É aqui que, como afirma Butler (2019, p. 17), podemos perceber "a construção do 'sexo' não mais como um dado corporal sobre o qual a construção do gênero é artificialmente imposta, mas como uma norma cultural que rege a materialização dos corpos". Para que os corpos "aparecessem" como materialmente diferentes, foi preciso a constituição das condições de inteligibilidade dessa diferença. Não surgiram papéis de gênero diferentes desde a diferença corporal, mas uma complexa rede de assinaturas e enunciados se entrelaça desde a produção discursiva da diferença que assinala lugares de coerência ontológica para os gêneros/sexos.

Na primeira parte de seu *respondeo* Tomás articula a biologia aristotélica, a medicina de seu tempo, com o seu próprio paradigma de distinção da ordenação dos entes. Por que dizemos que há uma articulação aí? Porque o Aquinate assume a ideia da naturalidade da passividade e da atividade da *virtus generativa*. Diz que há seres que possuem essas potências unidas, como as plantas, e seres em que se encontram separadas, como os animais. Um fecunda, outro é fecundado, um insemina, outro é inseminado.

Tomás continua afirmando que, entre os "animais perfeitos", isto é, entre os humanos, a potência ativa é "segundo o sexo masculino" (*secundum sexum masculinum*) e a potência passiva "segundo o sexo feminino" (*secundum femininum sexum*). Sublinhe- se que Tomás não afirma que passividade e atividade pertencem como propriedades, ou inerem como acidentes, mas são *secundum*. A potência é ordenada de acordo com uma diferença entre os sexos. Não é por ser passiva que se é mulher, mas é por ser mulher que se é passiva. Mais que isso, essa divisão é em uma atividade menos nobre, que é a reprodução.

> Et quia est aliquod opus vitae nobilius in animalibus quam generatio, ad quod eorum vita principaliter ordinatur; ideo non omni tempore sexus masculinus feminino coniungitur in animalibus perfectis,

> sed solum tempore coitus[20]. (*S. Th.* I, Q. 92, Art. 1, *respondeo*).

Essa passagem é fundamental para a constituição de qualquer arqueologia da diferença sexual. A mulher não é *mas occasionatus,* mas um *animalis perfectus*. Isto é, a corporeidade feminina não é para Tomás o resultado de uma imperfeição, ou de um desvio, do corpo masculino. Intrinsecamente, o corpo feminino é perfeito, mas ordenado a uma função segunda. Sublinhe-se que Tomás afirma que os animais perfeitos são ordenados a um *opus vitae* mais importante que a reprodução. Como *gênero humano,* o *homo* é ordenado à atividade racional, não à geração. Esta está a serviço daquela.

A diferença sexual, isto é, o fato de que nos animais perfeitos os sexos estão sempre separados e são ontologicamente distintos serve à realização dessa ordenação última. O gênero humano (*Homo*) está destinado à atividade intelectual (*intelligere*), a *nobilius opus vitae*. Em um salto epistêmico, Tomás conclui que era necessário que no *homo* essas duas atividades opostas em dignidade fossem separadas o máximo possível. Por isso, para que essas duas potências fossem distintas, o *homo* se divide em *vir* e *femina* (ou *mulier*), em que o primeiro ordena-se à intelecção e a segunda à geração. Para Tomás isso explica a afirmação de Gênesis 2, 24, de que os dois "serão uma só carne". É só pela união de dois sexos completamente distintos, ontologicamente ordenados para fins segundos diferentes, que o *gênero humano* se realiza.

Diferença sexual e hierarquia sexual são aqui único acontecimento. A ontologia de Tomás, que Agamben (2017) interpreta como um momento importante na história da metafísica da cisão entre ser e agir, cinde também, no interior do humano, vida ordenada a fins mais altos e vida ordenada à mera manutenção da vida. A vida da mulher é pura biologicidade, pura reprodução, pura disponibilidade.

---

[20] "E porque há nos animais uma obra de vida [atividade vital] mais nobre que a geração, e para a qual se ordena toda a vida principalmente [como fim principal], acontece que nos animais perfeitos o sexo masculino não está sempre unido ao feminino, mas apenas no momento do coito."

A articulação tomasiana prossegue, nesse artigo, assumindo elementos da biologia aristotélica que o seu argumento poderia sugerir rejeitados. Tomás assume que a potência ativa de geração está *in semine maris*, no sêmen do macho. Afirma ainda que a natureza tende à atividade, e quando um corpo passivo como o da mulher é gerado é por causa de uma debilidade no processo de geração, ou ainda por uma "indisposição da matéria" (*aliquam materiae indispositionem*). Se a matéria na fêmea se dispõe plenamente, ao ser fecundada naturalmente ela produz um macho. Se não se dispõe plenamente, interfere-se uma recusa, uma resistência, ou a confluência de causas cósmicas ou meteorológicas, gera-se uma fêmea.

A passagem do paradigma do sexo único à diferença sexual é mais complexa que uma simples transição. Há incorporação de elementos que não são dispensados, mas que passam a constituir polos dessa máquina antropológica que é o dispositivo de gênero no Ocidente. A mulher "non est aliquid occasionatum, sed est de intentione naturae ad opus generationis ordinata" (*S. Th.* I, Q. 92, Art. 1, *ad primum*). Ao mesmo tempo, na ordem da geração biológica, só se gera uma mulher quando a matéria falha. O dispositivo de gênero não funciona por sucessão e substituição, mas por incorporação e sobredeterminação.

Mas é no *ad secundum*, quando Tomás responde ao argumento contrário de inspiração agostiniana, que se revelam as causas evidentemente políticas do dispositivo de gênero. De novo, a ontologia se revela não como um esforço neutro descritivo dos entes, mas uma força prescritiva e performativa que ao dizer "és assim" também diz "sê tal qual eu digo que és". Diz Tomás (*S. Th.* I, Q. 92, Art. 1, *ad secundum*):

> Ad secundum dicendum quod duplex est subiectio. Una servilis, secundum quam praesidens utitur subiectio ad sui ipsius utilitatem: et talis subiectio introducta est post peccatum. Est autem alia subiectio oeconomica vel civilis, secundum quam praesidens utitur subiectis ad eorum utilitatem et bonum. Et ista subiectio fuisset etiam ante peccatum: defuisset enim

> bonum ordinis in humana multitudine, si quidam per alios sapientiores gubernati non fuissent. Et sic ex tali est viro: quia naturaliter in hominem agis abundat discretio rationis[21].

O termo *subiectum* em latim tem múltipla acepção, que se torna um tanto encoberta em português, mas que em outra línguas, como o francês e mesmo o inglês, permanece reconhecível. *Subiectum* é o que subjaz, traduzindo o grego *hypokeímenon*. É o que fica por baixo, o que permanece embaixo, e, por contiguidade, o que sustenta, o que embasa. Desse sentido deriva o *sujeito* enquanto o tema sobre o qual se fala: *Le sujet de la recherche, the subject of the research*, o tema de pesquisa. Podemos considerar esse campo semântico como a dimensão lógico-ontológica do sujeito, ou, como mencionamos em outro trabalho nosso (Souza Nunes; Artuso, 2019), o "sujeito", como um conceito caro à metafísica, e que passou por múltiplas transformações nocionais ao longo de sua história, é um dispositivo **onto-lógico**. Já na filosofia aristotélica, os conceitos lógicos e ontológicos se mesclam. Basta lembrarmos que as categorias do ser são também categorias da linguagem. Ser é ser dito na linguagem.

Tomás soma à noção onto-lógica o sentido político. Sujeito é "ser sujeito a", ser súdito, estar sob o poder daquele que detém o poder. O ser, enquanto dito na linguagem, está sob o poder da linguagem que o diz. Quando dizemos *mulier, femina*, estamos dizendo, segundo Tomás, um modo de ser sujeito que é sujeição natural a um outro que diz.

Aqui lidamos com a ambiguidade inerente ao discurso. Tomás está correto. Quem diz o que a mulher é, nesse caso, é o *vir* que se coloca na posição de sujeito universal, de ente não marcado, de índice zero. Quando interpelado como o outro funcional de um, a

[21] "Quanto ao segundo digo que existe uma dupla sujeição. Uma servil, na qual aquele que preside usa do súdito para sua própria utilidade: e tal sujeição foi introduzida depois do pecado. E há, pois, outra sujeição, econômica ou civil, na qual quem preside usa do súdito em vista da utilidade e do bem do próprio súdito. Esta sujeição teria existido antes do pecado: pois não o bem da ordem para a multidão humana se esta não fosse governada por outros mais sábios. Assim também, é por meio de tal sujeição que naturalmente a mulher está sujeita ao homem: porque naturalmente no homem abunda mais discrição [discernimento] da razão".

mulher é "sujeita a", isto é, posta sob a sujeição daquele que designa o seu lugar, daquele que detém o poder de **indiciar**, de indicar. Na frase *mulier est*, assinala-se à mulher uma determinada estruturação onto-lógica. Ela é o objeto direto de um eu, masculino e universal, que *diz* a mulher: *respondeo dicendum quod*. Em cada definição abstrata da antropologia de Tomás se esconde um *ego* que diz a definição. Nesse sentido, a mulher está *sujeita* a essa ontologia que diz: "sê assim!"

Para justificar, porém, essa sujeição, não basta a afirmação genérica e abstrata de um "*sic esto!*". A definição lança raízes numa pressuposição ao mesmo tempo linguística, teológica e histórica. Para entendê-la é preciso ir ao nível do discurso aí implícito. Significa dizer que não nos basta afirmar "Tomás diz". Temos de entender o complexo jogo discursivo de seu paradigma.

Em Tomás não há, e nem pode haver, um estado natural hobbesiano. Para ele, não houve no início da história um **estado de natureza** apenas paradigmático, mas um evento concreto na cadeia dos fatos, que nós podemos entender como meta-histórico, um ponto de juntura entre a história posterior à Queda e o paraíso a-histórico. Os teólogos chamam a esse momento antes da Queda de *praeternaturalis*. Neste, o gênero humano não está abandonado à própria sorte de sua natureza, mas possui dons de graça específicos, que fortalecem de maneira especial suas potências naturais. É o estado da natureza em graça, isto é, em comunhão com Deus. A Queda rompe essa comunhão. É depois dela que o humano se vê entregue à sua natureza, pois livremente recusa a graça. O estado de natureza, ou de *mera* natureza, é o estado do ser humano depois da Queda.

Aqui está a força onto-política da afirmação de Tomás. A sujeição da mulher ao homem não se dá em função da Queda. Essa sujeição se dá em um estado *praternaturalis*, isto é, quando o gênero humano está em plena graça de Deus. Há uma diferença nos modos de sujeição, adverte-nos o texto. Há uma sujeição *servilis*, em benefício daquele que sujeita. É a sujeição violenta da política positiva, dos Estados reais. Haveria também uma sujeição econômica, em benefício daquele que é sujeito. A sujeição da mulher seria então para seu próprio benefício.

Dessa *subiectio oeconomica* é preciso notar ainda duas coisas. O termo que Tomás usa, e que Agamben analisou minuciosamente em *O reino e a glória* (2011), entra na teologia cristã a partir do problema da Trindade. Como dar conta conceitualmente de um Deus que é ao mesmo tempo uno e trino? A resposta cristã foi considerar em Deus dois aspectos: o ser e o agir. Deus pensado de forma imanente, isto é, enquanto repousa na sua substância, é uno, uma unidade de relação de três pessoas distintas. Deus enquanto agente cria, conserva, dispõe e salva o mundo. A primeira parte da doutrina da Trindade foi chamada **teologia trinitária**. A segunda parte é a **economia**. Agamben ressalta que a tradução latina do termo grego *oikonomía* é *dispositio*, disposição, dispositivo. É em razão do governo do mundo que a mulher é disposta ao governo do homem. Se no gênero humano o intelecto e a geração são exemplarmente separados, é conveniente que a reprodução esteja submetida à intelecção, fim último da natureza humana.

Em segundo lugar, essa disposição econômica da mulher ao governo do homem é, como é fácil perceber, uma retroação discursiva. O que queremos significar com isso? A sujeição real e politicamente ordenada, a racionalidade capitalista que mal se insinuava, mas que já era gestada no pensamento escolástico, precisa que a disposição efetiva seja ontologicamente fundamentada. Em termos diretos, a sujeição real exigia uma justificação ontológica. É como se fosse dito: "a mulher é sujeita ao governo dos homens não porque os homens a sujeitam, mas porque é de sua natureza ser sujeita".

A diferença sexual funciona como um dispositivo ontológico e político para justificar a sutura real que se constitui, pelo poder e violência, na ordem das coisas. O discurso é produzido na ordem do real e constitui essa mesma ordem. Por tal, não é de menos importância destacar que a operação desse dispositivo ontológico e político só funciona na reiteração discursiva, na performatividade da ontologia. O real[22] é **realizado** na sua performação, na sua **citação**.

Por fim, nesse artigo, Tomás rebate a acusação formulada no terceiro argumento contrário, de que Deus não poderia ter produzido a mulher na criação primeira das coisas sabendo que disso sucederia o mal, porque Deus não pode ser o autor do mal. Não obstante as formações discursivas já analisadas, que põem a mulher em situação de dependência ontológica do homem, a resposta tomasiana não deixa de causar surpresa.

> Ad tertium dicendum quod, si omnia ex quibus homo sumpsit ocasionem peccandi, Deus subtraxisset a mundo, remansisset universum imperfectum. Nec debuit bonum commune tolli, ut vitaretur particulare malum: praesertim cum Deus sit adeo potens, ut quodlibet malum possit ordinare in bonum[23]. (*S. Th.* I, Q. 92, Art. 1, *ad tertium*).

De nenhuma maneira o texto tomasiano afirma, ao menos nessa passagem, que a mulher seja, em si, um mal. Entretanto, parece concordar que seja causadora de uma ocasião de mal, que pode ser ordenado a um bem superior, isto é, ao bem comum. Mas o que é o bem comum aqui mencionado? Não pode ser, de forma alguma, o bem de todos os entes tomados singularmente enquanto pertencentes a um determinado gênero, o humano, já que alguns dentre esses entes – todos os marcados pelo índice *mulier* – são mesmo considerados como uma ocasião de um *particulare malum*. O bem comum parece

---

[22] Judith Butler, em toda sua obra, está em constante diálogo com a psicanálise, tanto em Freud como em Lacan. Nesse momento não fazemos nenhuma ligação, nem recepção crítica, de termos lacanianos, nem dacrítica bluteriana à psicanálise. Colocamo-nos, ao menos nesse preciso caso, em uma relação com o conceito escolástico de real. A Escolástica tomasiana e a tomista como escola estão muito próximas de certo realismo ontológico. Sabemos que essa expressão está carregada de uma longa história de interpretação e mesmo de desentendimentos. Todavia, ao dizer "real" expresso, em *latíssimo sensu*, a noção de que o *intellectus* intui a forma efetiva dos entes.

[23] "Quando ao terceiro digo que se Deus suprimisse do mundo todas as coisas que poderiam ser ocasião de pecado ao homem, o universo permaneceria imperfeito. Nem deveria tolher o bem comum para evitar um mal particular, sobretudo porque Deus é suficientemente potente para ordenar qualquer mal para o bem".

ser então o bem do gênero humano enquanto alcança seu fim último, isto é, a contemplação mais alta substância, que é Deus.

Nessa *ordinatio in bonum*, a ocasião de "estar pecando" (*peccandi*) que a mulher causa é relativizada, porque atende a um fim superior. Todavia, parece evidente que a relação com as mulheres – qualquer tipo de relação, parece-me – é um *mal menor* a ser tolerado. Isso é coerente com sua função inferior na ordem do ser, já que destinada à reprodução. Nesse paradigma não só as mulheres, enquanto singulares, são relegadas à dependência onto-política, como tudo aquilo que a elas se liga, a reprodução, a sexualidade, a vida doméstica, é um mal menor ordenado a esse fim superior, o intelecto.

A apoliticidade da vida privada é discursivamente formada como uma determinação ontológica. De novo, uma formação reativa, uma retroação, que produz um paradigma ao mesmo tempo natural, porque conforme uma divisão da essência pré-definida, e preternatural, porque envolvido pela graça divina. Isso ficará ainda mais evidente na análise do artigo 2.

A mulher é feita do homem (*ex viro formata*)

O artigo anterior da Q. 92, ao mesmo tempo que apresenta uma "solução" ontológica para a natureza da diferença sexual, impõe uma dificuldade para Tomás. O filósofo tem de articular a inscrição da diferença na sua antropologia, as exigências onto- políticas supramencionadas, e o fato teológico (ou ainda doutrinal) da crença de que a mulher foi feita a partir do homem, materialmente feita.

Se o corpo da mulher é uma variação da materialidade do corpo masculino, não estaria o Aquinate retornando, ou permanecendo, no paradigma do sexo único? Como pode a diferença ser ontologicamente inscrita na natureza humana se, em tese, não há variação da forma e se a diferença material se dá a partir de uma única identidade pré-existente no corpo do homem?

Como se poderia esperar, introduz-se um ente metafísico místico que produz a diferença a partir de uma mesma materialidade.

Essa tese não é de menor importância. Não podemos simplesmente deixá-la de lado como um forçoso artifício advindo da crença religiosa. Creio, sobretudo, que podemos ler esse argumento do ponto de vista de uma justificação metafísica da coerência das identidades. Isso significa que, se relegada a si mesma, à sua própria imanência, a diferença não se sustenta. Temos à nossa frente um único ente que, quando considerado desde sua matéria e forma, as diferenças da morfologia corporal não sustentam a radicalidade da divisão.

Para operar a cisão subjetiva que garanta o "sê assim!" se necessita de um singular já constituído que a garanta. Vale dizer, uma ontologia radical da identidade subjetiva não pode prescindir de um sujeito que estabelece essas identidades. Não há corte se não há quem corte. O ente metafísico místico não responde apenas a uma necessidade *de fide*. Todo a arquitetura da ontologia das identidades se desmancha no ar sem quem a assegure. Na falta desse ente último, atuando nessa específica função, não é possível sustentar que a diferença produzida desde a mesma materialidade e forma seja assim tão radical. A simples variação não redunda na distinção que se resolve na complementariedade.

Antes de fazer arrazoados, contudo, é preciso voltar ao texto tomasiano. Este insiste no fato da produção *ex viro*, argumentada contra os mesmos opositores discursivos do artigo anterior. Entretanto, outro fator se insere. Podemos chamá-lo, com reservas, de método proto-observacional.

O enunciado do artigo é "videtur quod mulier non debuit fieri ex viro[24]" (*S. Th.* I,

Q. 92, Art. 2). Notemos a escolha terminológica *fieri*. Tomás não fala aqui em *productio*, que utiliza para o engendramento da diferença quando fala em "produção do homem (*vir*)" ou "produção da mulher (*mulier, femina*)". Menos ainda usa o termo *creatio*, utilizado quando se refere à "criação do gênero humano (*homo*)". Usa, em vez disso, uma forma infinitiva simultânea do verbo *facere*, fazer. Se *creatio*

24 "Considera-se que a mulher não deveria ser feita a partir do homem".

pode revelar uma noção de "fazer desde o nada", implícita na fé cristã sobre a origem do mundo, e *productio* é um "trazer para a frente", que ao mesmo tempo engendra e opõe, porque quem é "posto a frente" é "posto frente *a*", *fieri* pressupõe a ação de um agente que faz algo com algo pré-existente. É da mesma raiz de *faber*, o operário, e de *fabril*.

Os argumentos que sustentariam a impossibilidade de a mulher ser feita *ex viro*, contrários aos de Tomás e sua tese, são aqueles que chamei anteriormente proto-observacionais. Podemos considerá-los ainda como argumentos do senso comum. O primeiro fala que "sexus enim communis est homini et aliis animalibus[25]". Na natureza não se vê nenhuma fêmea provir de algum macho. Seria então contraditório afirmar que a mulher é produzida *ex viro*. Aliás, ainda que Tomás não o cite, também a narrativa bíblica considera essa observação do senso comum. Ao criar os animais, tanto no texto de Gn 1 quanto no de Gn 2, a noção chave ali implícita é a de "multiplicidade". Deus cria muitos seres de cada espécie, e os cria "macho e fêmea". Por que seria diferente no gênero humano? Como veremos, teremos de retornar ao dispositivo ontológico, à onto-política, para responder essa questão.

O segundo argumento tem a mesma tônica dos argumentos aristotélicos que Tomás refuta no artigo anterior. Os entes da mesma espécie devem ter a mesma matéria. A narrativa bíblica de Gn 2, adotada na antropologia tomasiana, seria insustentável sob essa perspectiva. Por que Deus faria o homem (*vir*) de uma matéria (o barro da narrativa bíblica) e não faria a mulher da mesma matéria? Por que **deveria** a mulher ser feita do homem? O destaque que faço em **dever** é fundamental. A adoção dessa narrativa, como já sublinhamos, é a adoção de um dispositivo de sujeição-subjetivação. A resposta de Tomás sempre vai no sentido da corroboração desse dispositivo: uma diferença política que é sustentada ontologicamente.

Em terceiro lugar, Tomás apresenta aqueles que sustentam que se a mulher deveria ajudar o homem na tarefa da geração, sendo feita da mesma carne teria um parentesco tão próximo que isso a tornaria inapta para tal tarefa. Tanto no seu próprio argumento

---

[25] "Pois o sexo é comum aos homens e aos outros animais".

quanto naquele que apresenta como contrário, o texto tomasiano jamais questiona o fato de que "mulier facta est in adiutorium viro ad generationem". A ordenação ontológica segunda não está em causa. Isso parece evidente a todos. O que está em questão é se essa ordenação é sustentada em uma diferença radical, ou se é resultado da simples variação.

Nessa altura, a resposta tomasiana passa novamente pelo texto bíblico, pelo dado da revelação: a mulher foi feita *ex viro*, e toda a Escritura assegura isso. Como é possível então articular a diferença radical com o fato da pré-existência da materialidade no corpo do homem? Ou, ainda, como articular uma biologia de traços aristotélicos com uma ontologia da diferença sexual?

Uma sutileza é introduzida no argumento ontológico da diferença. O modo da fabricação da diferença não é necessário, mas **conveniente**: "conveniens fuit mulierem, in prima rerum institutione, ex viro formari, magis quam in aliis animalibus[26]" (*S. Th.* I, Q. 92, Art. 2, *Respondeo*).

Esse era um expediente lógico comum na argumentação escolástica. A necessidade é uma realidade ontológica que exige sua efetividade. Já a conveniência se estipula sobre uma certa base de liberdade do agente que a produz. Que um martelo tenha uma cabeça para bater no prego e um cabo para que o artesão o segure é um arranjo necessário, caso contrário não seria um martelo. Contudo, que o cabo seja de madeira de angelim ou de ferro já não está no campo da necessidade, mas da conveniência. Qual produzirá melhor efeito? Qual se adequará melhor à função?

Se a diferença sexual parece inserir-se no âmbito da necessidade, a forma da produção da diferença parece estar no da conveniência. Se foi conveniente que a mulher fosse produzida do corpo do varão na primeira instituição das coisas, poderia ter acontecido de outro modo. Este último poderia ser menos eficiente, menos adequado, mas ainda chegaria ao mesmo fim. Contudo, Tomás ressalta que

---

[26] "Foi conveniente que a mulher fosse formada do homem na primeira instituição das coisas, mais que do que entre os outros animais".

isso ocorre de maneira diferente entre os outros animais. Há uma especificidade do gênero humano aí. Talvez, porque o humano seria o único capaz de produzir diferença sexual enquanto um evento da linguagem e onto-político.

Em si mesma, essa tese não justifica o postulado anterior, *ex viro formata*. É necessário conhecer as razões da conveniência, que para Tomás são quatro. Julgo que aqui nos deparamos com mais uma articulação do dispositivo ontológico e de gênero. As razões da conveniência são aquelas que articulam uma diferença qualitativa no interior do próprio humano.

A primeira razão é "ut in hoc quaedam dinigtas primo homini servaretur[27]" (*S. Th.* I, Q. 92, Art. 2, *Respondeo*). A dignidade aqui garantida, segundo o mesmo Tomás, é a dignidade da semelhança com Deus. Como este é o princípio de toda criação, o primeiro homem, que é *homo* e *vir*, é o princípio de toda sua espécie. Há graus de semelhança aqui, implicitamente apresentados. O primeiro homem é mais semelhante a Deus que a primeira mulher, caso contrário não se precisaria assegurar essa dignidade. Poder-se-ia objetar que Tomás reserva essa dignidade ao primeiro homem e unicamente a ele, Adão, como princípio da humanidade. Mas isso é desconhecer a própria noção de *principium*, que não é apenas cronológica, como lógica, gnosiológica e ontológica. O princípio permanece atuante na capacidade ativa do sexo masculino, do qual a mulher é receptáculo e geradora. Em uma primeira leitura, a segunda razão pode parecer do tipo "afetivo". A mulher é feita do homem para que os dois estivessem mais intimamente unidos e por toda a vida unidos. "Et hoc máxime necessarium fuit in specie humana, in qua mas et femina commanet per tomtam vitam: quod non contingit in aliis animalibus[28]" (S. Th. I, Q. 92, Art. 92, *Respondeo*). Entretanto, nos pomos aqui mais uma vez no âmbito de ação do dispositivo onto-político. Poderíamos

[27] "Para que com isso certa dignidade fosse assegurada ao primeiro homem."

[28] "Isso era particularmente necessário na espécie humana, em que o homem e a mulher permanecem juntos durante toda a vida, o que não acontece com os outros animais."

ingenuamente[29] afirmar que se observa em outros animais a escolha de um único parceiro sexual para toda a vida. Isso não seria nada além de permanecer dentro do paradigma naturalista tomasiano. Segundo Ranke-Heinemann (2019, 219 ss.), Tomás foi, dentre todos os filósofos e teólogos medievais, o que mais se aferrou a um processo de analogia entre o ente humano e os animais. Há uma espécie de "sociobiologia" tomasiana, em que vige uma diferença apenas quantitativa entre certos comportamentos humanos e animais, em especial no campo da sexualidade.

Como compreender isso sem ceder ao naturalismo? Devemos colocar esse mesmo naturalismo, tantas vezes usado como recurso argumentativo, no mesmo escopo das outras construções discursivas tomasianas. Não é porque ontologicamente o ser humano está destinado à cooperação que socialmente age assim, mas porque determinada constituição social se dá de tal forma é que é preciso justificá-la ontologicamente. Vale dizer, essa segunda razão é uma articulação da primeira e no interior da primeira. É necessário que a mulher permaneça nessa união-sujeição para que se assegure a dignidade do *vir*.

Isso fica ainda mais claro no desdobramento seguinte, da terceira razão, na qual novamente Tomás usa argumentos aristotélicos, dessa vez tomados da *Ética a Nicômaco*. A união da mulher com o homem não se ordena exclusivamente à procriação, mas à totalidade da vida doméstica, ao que o argumento tomasiano acrescenta "*in qua vir est caput mulieris*"[30]. Doméstico é o âmbito da *oikonomía*, da disposição da vida, como apresentamos no tópico anterior. Vemos aqui a constituição de todo um dispositivo político em que a mulher é lançada no âmbito não público da casa (*domus*).

O dispositivo de gênero, que vincula coerentemente identidade e sexualidade, tem no seu interior a justificativa ontológica de uma espécie de divisão do trabalho. Ao homem o trabalho intelectual,

[29] "Ingênuo" denota aqui uma postura epistemológica. É a que advém do conhecimento do senso comum. É, por conseguinte, uma afirmação "proto-observacional", não mediada por um método científico ou mesmo filosófico.

[30] "Na qual o homem é a cabeça da mulher."

à mulher a produção da vida. Essa tese não é nova, e guarda um evidente sabor neomarxista. Todavia, é difícil não perceber nesses enunciados ontológicos uma estruturação da vida política, que bane a mulher para uma esfera de não publicidade e, junto a ela, toda essa esfera da vida doméstica. O dispositivo é **bipolar**, pois produz ao mesmo tempo o sujeito banido da "plenitude" ontológica e a região do banimento. Dito de outra forma, não há esfera não pública antes de a mulher ser lançada nela. Assim, afirma Tomás que "*convenienter ex viro formata est femina, sicut ex principio suo*[31]." É possível entrever a circularidade da argumentação. É conveniente a quê? Ao ordenamento ontológico. A que serve esse ordenamento? À manutenção de uma posição de dignidade do *vir*. Por que ele está nessa posição? Por causa do ordenamento.

A quarta razão dá a justificativa última dessa estrutura. A união íntima e indissolúvel entre homem e mulher é uma imagem (*figuratur*, se figura) da união entre a Igreja e Cristo, já como apresentada por pelo apóstolo Paulo na *Carta aos Efésios*. É, como diz o Aquinate, uma razão "sacramental", uma espécie de sinal de uma realidade teológica última[32]. *Sacramentum*, termo advindo do direito romano, é um juramento público. Ao dizer "voveo" (faço voto) o cidadão romano emite um enunciado performativo, no qual o conteúdo do enunciado é sua própria enunciação. O sacramento católico (Batismo, Crisma, Eucaristia...) é uma performance linguístico-gestual que realiza aquilo que diz. Ao pronunciar as palavras da consagração eucarística ("hoc enim est corpus meum") o sacerdote efetiva a realidade que pronuncia: aquele pão é, substancialmente, corpo de Cristo. Isso fica ainda mais claro na fórmula anglo-saxã do matrimônio "I now prononce you husband and wife": "agora eu os **pronuncio** marido e mulher". Há, segundo Agamben, uma força não tematizada nos enunciados

---

[31] "Convinha que a mulher fosse formada do homem como de seu pricípio."

[32] Seria necessário definir o que Tomás entende por "sacramento" bem como a história do termo. Abordar a sacrementária tomasiana é um árduo trabalho, que ultrapassa os limites deste texto. Só na *Summa Theologiae*, a doutrina dos sacramentos ocupa toda a *Terceira Parte*. Agamben, por sua vez, faz uma importante associação entre a teologia sacramental, o direito romano (em que surgiu o termo *sacramentum*, um tipo de juramento público) e a ética e política contemporâneas. Remetemos a obra de Agamben para maiores aprofundamentos.

performativos, em especial nas leis e juramentos, dos quais o sacramento é uma forma arquetípica. Donde provém essa força? Como é capaz de produzir obediência?

Ao colocar essa união perfeita no domínio do sacramental, tanto porque o matrimônio é elaborado como um sacramento de direito pleno, quanto por ser sinal de uma realidade teológica, Tomás uma vez mais recupera a potência constrangedora da ontologia.

É o *ritornelo* da ontologia. "É assim" esconde um poder de dizer "seja assim". Ao descrever ontologicamente a união nesses termos se opera um enunciado performativo no qual se exige daquela ação social (o casamento monogâmico) uma determinada conformidade para **representar** perfeitamente uma realidade ideal. Essa composição teórica, que parte de uma crença partilhada, dá efeito ao que é pronunciado. Vale dizer, as razões ideológicas visam garantir aderência ao postulado: "Mulheres, vocês devem ser submissas porque a sujeição de vocês a um ente mais digno é sinal da união da Igreja com seu fundante metafísico último".

No sentido inverso, o modo da relação homem-mulher é metafisicamente justificado e fundamentado. Compelem-se os sujeitos a agir de acordo com determinado dispositivo porque o contrário seria antinatural. O discurso naturalista e realista – a diferença é real, observável na natureza mesma dos sujeitos – demanda coerência. Ocupar uma posição diferente, não se enquadrar, é agir contra a natureza.

Apresentadas essas quatro razões, Tomás não considera responder a primeira objeção à sua tese, isto é, que no reino animal não se veem fêmeas sendo geradas a partir de machos. Considera que sua argumentação no *Respondeo* já dá conta da resposta. Isso sugere que o recurso à proto-observação tem claros limites na argumentação tomasiana. Dado que o filósofo tem compromisso com a produção dessa diferença, que ele mesmo se insere no interior do dispositivo ontológico que articula e, além disso, pelo fato que há um compromisso com um sistema teológico, no caso precípuo do dispositivo de gênero que constitui, o dado ingênuo de que fêmeas não provêm de machos é descartado.

Contudo, ainda articula resposta às duas outras objeções. Por que sendo da mesma espécie homem e mulher foram produzidos de matérias diferentes? Já ressaltei isso anteriormente, que, ao contrário da filosofia aristotélica, tal como apresentada por Judith Butler, a mulher não é sem mais assimilada à matéria.

> Ex determinata materia producit aliquid in determinata specie. Sed virtus divina, cum sit infinita, potest idem secundum speciem ex quamcumque materia facere; sicut virum ex limo terraem et mulierem ex viro[33]. (S. Th. I, Q. 92, Art. 2, *Ad secundum*).

Retorna-se assim à importância da introdução de um ente metafísico místico na produção da diferença sexual. Tomás reconhece que pensada em sua imanência a matéria é impotente para produzir tal diferença. Para justificá-la ontologicamente importa postular um ente que tenha a *potência* (*virtus*) de criar diferença a partir do mesmo. Estamos diante de um expediente à vez teológico, porque fundado em uma fé revelada, e ontológico. Tomada em si mesma, a variação morfológica não se sustenta como diferença absoluta. É necessário um garantidor da diferença.

O *ad tertium* ilumina essa necessidade. A diferença só pode ser conveniente porque necessariamente alguém age produzindo-a. Como Tomás não está em condições nem históricas nem epistemológicas de perceber o caráter discursivo dessa fabricação, mas ao mesmo tempo, via proto-observação, dá-se conta de que não é sustentável mantê-la, é obrigado a reconhecer que a geração da mulher *ex viro* não é um fato natural – por conseguinte, é não observável –, mas um fato metafísico, realizado pelo poder divino. Se retiramos esse ente metafísico dessa posição – o que não é *ipso facto* uma declaração de ateísmo – só resta a potência performativa dos enunciados.

[33] "A partir de determinada matéria se produz alguma coisa de uma espécie determinada. Mas o poder divino, sendo infinito, pode produzir uma coisa da mesma espécie a partir de qualquer matéria; por exemplo, o homem a partir do barro e a mulher a partir do homem."

Mais ainda, essa potência é reconhecida por Tomás, mas deslocada da agência performativa dos sujeitos, para a agência performativa do único sujeito metafisicamente coerente: o ente divino que **pronuncia** o mundo.

De costa viri formata

Para manter-se coerente com o paradigma teológico que adota, Tomás imerge na explicação do texto escriturístico que sustenta a ideia de que a mulher foi criada *ex viro*, isto é, a partir da matéria disponível no corpo do primeiro varão, Adão.

O Art. 2 da Q. 92 já havia aludido à produção da mulher desde o homem sob a luz de uma razão de conveniência. Dessa forma, o varão seria evidenciado em sua dignidade como o princípio do gênero humano, gozando de anterioridade não apenas cronológica – o primeiro indivíduo que Deus teria feito no tempo –, como de anterioridade ontológica, a saber, o indivíduo no qual já estariam dispostas todas as perfeições do gênero humano.

Ora, o texto do *Gênesis* especifica que a mulher fora feita de uma parte específica do corpo do varão, da **costela**. A análise proposta por Tomás não se restringe a uma leitura literalista do texto bíblico, como uma primeira aproximação poderia sugerir. Trata-se antes de uma abordagem alegórica. No modo da produção da mulher simboliza-se a forma das relações pressuposta pela diferença sexual radical.

O Art. 3, que pergunta se a mulher deveria ser formada da costela do homem, possui uma forma de argumentação mais concisa do que os artigos anteriores da mesma questão e recorre ao texto escriturístico como fundamento último de sua justificação.

A tese oposta à de Tomás é de que a mulher não deveria ser criada desde a costela de Adão. O filósofo apresenta três argumentos dos opositores.

O primeiro argumento aduz que há uma razão de impossibilidade intrínseca à matéria disponível. A costela de Adão era muito menor que o corpo inteiro da mulher que deveria produzir-se. Dado que "de algo menor não pode ser feito algo maior" (S. Th. I,

Q. 92, Art. 3), dois mecanismos de produção se fariam necessários. Ou houve uma adição de matéria, ou houve rarefação da matéria disposta a partir do corpo de Adão. Se o primeiro caso é verdadeiro, não é correto afirmar que a mulher foi feita a partir da costela de Adão apenas. Se o segundo é verdadeiro, o corpo da mulher deveria ser menos denso que o do varão, o que não se verifica.

O segundo argumento remonta à perfeição da criação. Se tudo foi ordenado perfeitamente por Deus no início do mundo deduz-se daí que nada poderia haver de supérfluo. Assim sendo, cada uma das mínimas partes da criação estava ordenada a um fim específico. Se a costela poderia ser retirada de Adão é porque não seria necessária a ele, logo supérflua e não encadeada na ordem da criação, o que se revelaria um contrassenso.

Por fim, Tomás apresenta um argumento aduzido desde a teologia do estado de natureza e da graça preternatural. No estado de natureza teológico não havia pecado. Sem pecado, tampouco haveria suas consequências, como dor e morte. Retirar uma parte do corpo implica dor. Se não poderia haver dor no paraíso tampouco um membro poderia ser retirado do corpo de Adão.

Tomás, mesmo apresentando os contra-argumentos que fundamentam sua tese, abandona o raciocínio naturalista e de necessidade da tese oposta à sua e adota um argumento com base em razões de conveniência semelhantes a que apresentou no Art. 2, tomando o texto do *Gênesis* como uma alegoria para a organização social da vida humana baseada na diferença sexual.

> Respondeo dicendum quod conveniens fuit mulierem formari de costa viri. Primo quidem, ad significandum quod inter virum et mulierem debet esse socialis coniunctio. Neque enim mulier debet dominari in virum: et ideo non est formata de capite. Neque debet a viro despici, tanquam serviliter

> subiecta: et ideo non est formata de pedibus[34]. (S. Th. I, Q. 92, Art. 3, *respondeo*).

Atentemos ao fato que uma vez mais Tomás reitera que não era **necessário** que a mulher fosse formada de Adão, mas **conveniente**. As razões para sustentar isso de novo ligam-se ao mesmo dispositivo onto-político que vimos antes. Temos aqui duas afirmações que se sustentam mutuamente. Primeiro, uma de tipo ontológico estrito. A matéria já estava disposta no corpo do varão, perfeição, princípio e *exemplum* do gênero humano. A mulher, embora não sendo considerada um *mas occasionatum*, é feita a partir dessa disposição primeira, portanto, é secundária e ontologicamente dependente. Mas o que isso significa quando radicalizamos a afirmação?

Tomás afirma que ser criada desde a costela é um significante (*ad significandum*) da condição social derivada da diferença sexual. A diferença presume a *socialis conunctio*, uma forma de **conjunção social**, de **união de sociedade**, que garante a ordem social. A ligação entre homem e mulher, que o sacramento do matrimônio, do qual a teologia alcança um alto desenvolvimento em Tomás, visa consagrar, é uma união que está na base da organização social, porque ordenada a um fim ontológico superior que é a realização do gênero humano.

Ser feita a partir da costela, isto é, do lado, significa o modo dessa união. De início, serve a destacar que a mulher não deve dominar o homem, porque caso contrário deveria ser feita a partir da cabeça. *Dominium*, do mesmo campo semântico de *domus*, casa, é o poder exercido, em primeiro lugar, no âmbito doméstico, na casa, na *oikos*. É o poder de dispor, organizar e levar a vida doméstica a seus fins. Mesmo nesse campo, ao qual a mulher se vê restrita pela ordem social, sua condição é de *subiectio*.

Por outro lado, o filósofo assevera que tampouco a mulher deve ser desprezada pelo homem. Fosse assim, teria sido feita dos pés. Por conseguinte, sua condição não pode ser de *subiectio servilis*.

---

[34] "Respondo dizendo que é conveniente que a mulher fosse formada da costela de Adão. Primeiro, para significar que entre o homem e a mulher deve haver uma conjunção social. Pois nem a mulher deve dominar o homem, pelo que não foi feita a partir da cabeça. Tampouco deve ser desprezada pelo homem, como se estivesse servilmente sujeita a ele, pelo que não foi feita dos pés."

Como já indiquei, a sujeição servil é aquela imposta no âmbito da norma positiva e da vida social. É uma forma de sujeição que tem por objetivo o benefício exclusivo daquele que sujeita.

Tomás já havia indicado no Art. 2 que a mulher está em sujeição econômica em relação ao homem. E, agora no Art. 3, descarta novamente toda forma de sujeição servil. Todavia, isso não implica uma melhora efetiva da posição da mulher no interior do dispositivo onto-político. Ao contrário, se a sujeição servil é resultado das condições contingentes da história, da norma positiva, ela pode ser revista e questionada na própria história. Já a condição da mulher é resultado de um dispositivo ontológico que, da forma que é assegurado na teoria, não poderia ser revisto historicamente.

Ontologicamente submissa ao homem por disposição da própria natureza, o questionamento do lugar da mulher no interior das relações de poder equivale, por conseguinte, a pôr em suspeição a própria concepção ontológica da ordem das coisas. É não apenas essa conjunção social que está em jogo, mas todo o desenvolvimento do dispositivo ontológico que instaura essas cisões insuperáveis.

A mulher é lançada no âmbito do privado, do corporal, do passivo, do submisso. Tudo o que se aproxima dela se aproxima *ipso facto* dessas condições. Por outro lado, tudo o que se aproxima dessas condições se aproxima também do "feminino". Há verdadeira intercambialidade categorial, em que o filósofo engendra um campo semântico da dominação, justificando-a ontologicamente. Se determinada compreensão naturalista assegura que a organização social é dependente de uma ordem intrínseca qualquer, o dispositivo ontológico se realiza como político.

Mesmo assim, Tomás rebate os argumentos da tese dos opositores. Quanto ao fato de a matéria retirada do corpo do primeiro varão ter sido rarefeita para a criação da primeira mulher, o filósofo descarta a possibilidade. Descarta também a multiplicação da matéria ou alteração de sua substância. De fato, para ele varão e mulher são ontologicamente iguais. Já que não é *mas occasionatum*, a matéria que forma o corpo da mulher deve ser tal qual a que forma o corpo do varão. Multiplicá-la equivaleria a alterá-la.

Como Tomás resolve essa aporia? Recorre outra vez ao relato escriturístico, associando o modo da ação do Criador na situação de produção da mulher às passagens bíblicas de multiplicação de pães nos Evangelhos. É por adição que Deus opera, agindo com um ato de criação ou "*fit per conversionem*", isto é, convertendo a matéria. Ora, assim como Cristo adicionou matéria à matéria dos pães multiplicados – equivocamente multiplicados, já que não ocorre alteração da substância –, o Criador adiciona matéria à costela de Adão por um ato livre de sua vontade criadora.

O *ad secundum* rebate o argumento da perfeição. Se no estado preternatural, antes da queda, tudo estava adequadamente disposto, a costela que foi retirada de Adão não poderia ser supérflua. Para Tomás, todavia, a perfeição nesse caso não diz respeito ao indivíduo Adão, mas ao gênero humano, e a Adão enquanto *principium speciei*, o princípio da espécie. Novamente, as distinções possíveis entre o indivíduo varão e o varão como perfeição e princípio ontológico do gênero humano se borram. Assim, a costela poderia ser disposta à criação da mulher porque era usada no intuito da perfeição da espécie da qual Adão é ontologicamente primeiro.

Ademais, Tomás relaciona a doação da costela com o ato sexual e a ejaculação do sêmen.

> Sicut semen est de perfectione generantis, quod operatione naturali cum delectione resolvitur. Unde multo magis virtute divina corpus mulieris potuit de costa viri formare absque dolore[35]. (S. Th., I, Q. 92, Art. 3, *ad secundum*).

O sêmen liberado na conjunção sexual também pertence à perfeição, isto é, a correta disposição orgânica do corpo do varão. A ejaculação, em tal caso, não representa uma perda, mas uma simples operação natural que é acompanhada de prazer. Importante destacar o lugar dado ao prazer sexual por Tomás, de certa forma superando

[35] "Assim como o sêmen que é da perfeição daquele que gera, o qual é liberado por uma operação natural acompanhada de prazer. Assim, como maior razão, a potência divina pode formar o corpo da mulher da costela do homem sem qualquer dor."

uma tradição antropológica mais pessimista, com origem em Jerônimo e Agostinho, que via mesmo nesse prazer um mal a ser evitado. Assim como o ato de reprodução natural é prazeroso, muito mais esse ato operado pelo poder divino ocorreria sem dor.

Importante destacar aqui que mais uma vez o papel do varão é associado, mesmo na descrição ontológica da produção da matéria no corpo da mulher, a ação ativa, representada pela ejaculação do sêmen. O próprio ato do Criador é associado, alegoricamente, a esse ato de reprodução, no qual a mulher é representada como o receptáculo passivo disposto e disponível.

Immediate formata a Deo

Tomás finaliza a Q. 92 tratando da ação do Criador no ato de produção da mulher. Segundo Gilson (2010) em várias partes de sua obra, tanto na *Suma* como em textos como *A unidade do intelecto, contra os averroístas* (2016), Tomás tenta resguardar a autonomia da ação humana e da criação em relação ao Criador. Isso significa que a Deus se pode atribuir a potência de causação de dois modos, direto e indireto.

O ente metafísico místico tomasiano é a causa de todas as coisas, já que é primeiro motor, causa última, perfeição máxima de todo ser. Todavia, isso não significa que Deus aja singularmente em cada ação dos corpos. Ao contrário, para Tomás "negar que os corpos sejam capazes de agir é arruinar a possibilidade de toda e qualquer ciência; pois só conhecemos as causas por meio de seus efeitos" (Gilson, 2010, p. 24).

É isso que está em questão no Art. 4. Que a criação do gênero humano tenha sido efeito da ação de Deus não há dúvida. Mas a mulher, como singularidade distinta, como o outro do varão, seria efeito de uma ação direta de Deus?

A tese oposta à de Tomás é a de que a mulher não teria sido produzida imediatamente por Deus. Entre os argumentos aduzidos, o primeiro sustenta que todo indivíduo produzido a partir de seu semelhante não é produzido imediatamente por Deus. Vemos aqui referência aos processos de geração tal qual observados na natureza. Se a mulher "nasce" da matéria disposta no corpo do varão não seria necessária uma intervenção divina direta.

O segundo argumento atribui a Agostinho a afirmação de que todas as coisas corporais são administradas por Deus por meio de anjos. A mulher, como ente corporal, por conseguinte só poderia ter sido produzida mediante a atuação da hierarquia angelical e não por atuação direta do Criador.

O terceiro argumento, por fim, evoca as relações causais entre as coisas materiais. O corpóreo move o corpóreo, e o efeito em um corpo já está incoativo na ação de outro corpo. A mulher já estava incoativamente presente na criação primeira, sendo dispensável sua produção imediatamente por Deus.

Tomás sustenta essa formação imediata por Deus. E usa para sustentá-la também a autoridade de Agostinho, que afirma que ninguém poderia fazer uma mulher de uma costela, a não ser Deus.

Antes de prosseguirmos na análise de Tomás, ressalto aqui a afirmação a que já chegamos anteriormente: os meros processos de diferenciação morfológica são insuficientes para sustentar uma diferença sexual radical. O dispositivo de gênero se mostra aqui, uma vez mais, como paradigma e como dependente do dispositivo ontológico que necessita de uma subjetividade já constituída para operar uma cisão tão radical.

Isso pode ser evidenciado no mesmo argumento de Tomás.

> Materia autem ex qua naturaliter generatur homo, est semen humanum viri vel feminae. Unde ex alia quacumque matéria individuum humane speciei generari non potest naturaliter. Solus autem Deus, qui est naturae institutor, potest praeter naturae ordinem res in esse producere. Et ideo solus Deus potuit vel virum te limo terrae, vel mulierem de costa viri formare[36] (S. Th. I, Q. 92, Art. 4, respondeo).

---

[36] "Pois a matéria da qual o homem é naturalmente gerado é o sêmen humano do varão e da mulher. Eis porque de qualquer outra matéria não se pode gerar naturalmente um indivíduo da espécie

Deus não pode agir de maneira antinatural porque é ele mesmo o instituidor da natureza. Sua ação é, por conseguinte, preternatural, isto é, fora da ordem comum da natureza, mas não contraditória em relação a ela. Tomás reconhece que a geração de indivíduos humanos presume a conjunção sexual que visa ao intercâmbio de sêmen. Todavia, o mesmo filósofo coloca a própria sustentação dessa diferença sexual entre os indivíduos fora do processo ordinário de geração, apesar de não contrário a ele.

Detenhamo-nos em alguns fatos já repetidamente tratados aqui, mas que não devemos perder de vista. Obviamente, por tudo já apresentado até aqui, Tomás tem de dar conta dessas duas demandas que são o mote de sua filosofia: alcançar pela luz natural da razão aquilo que é a ela acessível ao mesmo tempo que não abre mão ou negocia o dado revelado da fé.

A forma da produção do varão e da mulher é um dado de fé revelada, tal como apresentado no livro do *Gênesis*, já discutido aqui por nós. Por outro lado, a mera especulação racional não permite ao filósofo sustentar a radicalidade da diferença sexual, como a temos chamado. Ressalto ainda que o relato adotado por Tomás é o de Gn 2, em que a mulher é criada a partir do varão. Caso tivesse optado pelo relato de Gn 1, em que varão e mulher são feitos em um único ato criador, talvez o resultado teórico para sua ontologia fosse diferente. Isso torna ainda mais plausível a ideia de um dispositivo onto-político que não só captura as subjetividades, mas o próprio relato bíblico, ao mesmo tempo que corrobora o dispositivo, é capturado no seu interior.

O instituidor da natureza é também o instituidor dessa subjetividade cindida e binária. Não é naturalmente que ela é instituída, no decurso dos processos ordinários de geração, mas fora da ordem natural, no lugar em que a antropologia toca a metafísica. A diferença sexual, mais que um fato da observação, ou o resultado da reflexão ontológica, é um postulado metafísico, que se sustenta na afirmação

---

humana. Somente Deus, pois, que é aquele que institui a natureza pode produzir coisas no ser fora da ordem da natureza."

da existência do ato singular de livre vontade de um ente metafísico místico que dispõe os processos de subjetivação como varão e mulher por uma razão de conveniência.

A separação entre a ordem natural, que é a e reprodução, e a instituição da diferença sexual em um dispositivo ontológico fundado nessa cisão metafisicamente instituída, fica ainda mais clara no *ad primum*, em que Tomás afirma que a produção de indivíduos semelhantes pelos seus semelhantes procede apenas quando pensada na geração natural. A diferença sexual não é intrínseca à ordem natural, mas um dispositivo de conveniência (se adotarmos a posição tomasiana), ou um dispositivo onto-político e de gênero que sustenta discursos de sujeição e domínio.

No *ad secundum* Tomás limita-se a dizer que assim como o corpo do varão não foi formado do barro por intermédio de anjos – um dado da fé revelada – não há razões para crer que o corpo da mulher tenha sido.

No *ad tertium* Tomás repete tanto o argumento da conveniência quanto o da relação atividade-passividade. Quanto à conveniência, afirma com Agostinho que não havia uma razão intrínseca absoluta que determinasse que a mulher devesse ser feita por ação direta de Deus, ou a partir de uma potência incoativa já presente nas suas causas, isto é, na ordem já disposta da criação. Ao contrário, para Tomás, não é segundo uma potência ativa já inscrita na matéria que a mulher veio a ser produzida. Antes, a característica da matéria, novamente associada à mulher nesse caso, é de uma potência passiva, ordenada a uma potência ativa superior, a saber, a do próprio Criador.

O Art. 4 encerra, dessa forma, toda a argumentação tomasiana relativa à produção da mulher e ao seu lugar na antropologia, e à sua constituição como outro funcional, segundo, dependente. A mulher aparece não apenas ocupando um lugar no discurso antropológico que se vai construindo na Escolástica, mas ao mesmo tempo esse lugar origina-se marcado pela diferença sexual, que funciona como dispositivo estruturante da ontologia da sujeição e do domínio.

CONCLUSÃO

Avaliar o impacto de uma teoria em práticas sociais é um difícil trabalho. É uma tarefa que, a rigor e no atual estado de divisão epistêmica, talvez nem seja da competência do filósofo, mas sim do cientista social. Mesmo assim, a filosofia não pode furtar-se à responsabilidade ética por aquilo que diz. Essa é a tradição crítica do pensamento filosófico, que coloca em perspectiva seus próprios conceitos, ideias, teorias e modelos de compreensão do real.

O que se tentou fazer neste trabalho foi colocar à luz alguns enunciados da antropologia tomasiana, evidenciando como ali se forma um dispositivo de gênero e onto- político sobre a base da norma da diferença sexual.

Como caminho metodológico é preciso recordar o sobrevoo que realizamos sobre a história da sexualidade no Cristianismo. Não procuramos ali ligações causais, um encadeamento histórico de um saber já constituído. Procuramos, antes, algumas assinaturas discursivas, conceitos e normas reiteradamente citadas que articulavam um saber sobre a "mulher". De novo, não se tratava ali de um sujeito já constituído ocupando lugares epistemológicos também previamente estabelecidos. O que se tentou localizar foram alguns momentos de citação da norma, em que a mulher era constituída como esse outro do homem-varão. Um lugar de sujeição, uma passividade produzida, não obstante uma possível ruptura incoativa com o lugar que a mulher ocupava na Antiguidade.

Todavia, dado o método que aqui seguimos, evitamos tratar a formulação desses saberes na forma de avanços ou retrocessos. Advertimos para a importância de reconhecer tais transformações e da necessidade de uma genealogia filosófica que leve em consideração a violência real que captura a subjetividade e os processos de dominação. Ainda que para nós todo saber se dá na linguagem, reiteramos a possibilidade de reconhecer um resto não linguístico, irrelato, que é pressuposto na linguagem da dominação. Desarticular aquilo que com Agamben chamamos "dispositivo ontológico" é desobrar o poder do domínio constituído sobre a captação desse irrelato, desse não dito, no interior do mesmo dispositivo.

A nossa passagem por duas teorias de influência pós-estruturalista não se tratou, por isso, de uma ação extrínseca à análise que realizamos. A Teoria *Queer* e a arqueologia da ontologia são duas formas críticas do pensamento filosófico que nos ajudam a enfrentar aquilo que não foi tematizado na tradição, sem por isso desprezá-la ou descartá-la. Ao contrário, fazer a arqueologia dos conceitos não é uma mera história das ideias, ou uma investigação das origens. Arqueologia é surpreender o discurso legitimador da opressão no seu momento de constituição para entender e desobrar a força compulsória da norma na vida presente. É, por conseguinte, uma crítica aos diversos naturalismos, que baseados em cisões entre o ser e agir, entre a vida qualificada e a vida nua, ou entre as subjetividades inteligíveis e as subjetividades não inteligíveis ou dissidentes, coagem a determinadas formas de obediência que restringem a vida dos singulares, quando não os abandonam à morte.

Da Teoria *Queer* de Judith Butler acolhemos com especial ênfase não apenas a ideia de que o sistema sexo/gênero é performativo, mas sobretudo que essa performatividade é citacional. Por citacionalidade entendemos que parte da força compulsória da norma provém da sua reiteração contínua em diversos conjuntos de enunciados, muitas vezes aparentemente distintos entre si. Da ciência à arte, da técnica à religião, da metafísica à literatura, somos compelidos por todos os lados por discursos que exigem a coerência gênero/sexo/desejo. A minha pesquisa justamente foca a "diferença sexual" como dispositivo de gênero e técnica sexual, no qual a norma sexo/gênero no Ocidente se assenta.

A arqueologia da ontologia de Agamben, assim como a Teoria *Queer*, adverte-nos para o fato de que a história da ontologia não é apenas a sucessão de discursos descritivos. Há uma força prescritiva na ontologia que está no meio, no vazio operante, das máquinas bipolares que formam o paradigma biopolítico. Na cisão entre vida e vida nua, por exemplo, há um resto não tematizado, a própria animalidade do ser humano que é produzida na ação política como um resto não assimilável. Os dispositivos biopolíticos, todo o aparato jurídico e político das democracias liberais, das quais, segundo Agamben, o campo de concentração e o estado de exceção são o paradigma, funcionam a partir da exclusão interna dessa animalidade que resulta em abandono à morte.

Ao contrário da noção de biopolítica foucaultiana, considerada como um estágio tardio dos Estados-Nações, para Agamben a exceção biopolítica é o que caracteriza o processo de desenvolvimento da ontologia ocidental e de sua política. É o que exemplifica a partir da noção de **uso**, desde a filosofia aristotélica, em que o escravo é visto como instrumento animado disponível ao uso de seu senhor. Agamben, ademais, não exclui de sua arqueologia outros momentos da história da ontologia, como a Patrística e a Escolástica. Para ele, é sobretudo nesses períodos que noções cruciais da ontologia como biopolítica irão se consolidar, como a de **dispositivo** e a de **instrumento**. O dispositivo ontológico é aquele capaz de reduzir determinadas singularidades à mera instrumentalidade, a um uso que torna passivo o singular pela operação violenta dos múltiplos dispositivos de subjetivação reunidos sob a obediência à norma, aqui também reiterada nas suas múltiplas citações, que em Agamben aparecem sob a forma de **assinaturas**.

A abordagem da antropologia de Tomás de Aquino, tal qual aparece na *Primeira Parte* da *Suma Teológica*, é um momento crucial na consolidação do dispositivo ontológico que separa no singular a forma de sua matéria, a essência de sua existência, o ser de seu agir, colocando a norma sob o império dos primeiros termos. Sobretudo, quis evidenciar como a diferença sexual desempenha um papel crucial na consolidação do dispositivo ontológico na sua forma onto-política, isto é, enquanto sustenta e se sustenta em um conjunto de práticas de dominação e sujeição.

A diferença sexual compõe um amplo dispositivo de gênero que presume a coerência das identidades no sistema sexo/gênero:

atribui papéis, escalona subjetividades conforme se aproximem ou se afastem do fim último do ser, justifica processos reais de sujeição. O dispositivo de gênero se mostra como o próprio paradigma do dispositivo ontológico, do que o próprio Agamben não parece dar-se conta.

Ao contrário dos historiadores da sexualidade como Thomas Laqueur, ou mesmo da própria Teoria *Queer*, sustentei que o conceito de diferença sexual não é o resultado apenas das descobertas das ciências biomédicas a partir do século XVIII, que passam a reconhecer dois sistemas morfológicos diferentes e distintos, o masculino e feminino. Evitando a equação naturalismo igual a biologicismo, procurei atentar ao fato que já em Tomás há um conjunto de enunciados que buscam justificar e afirmar a radicalidade ontológica da diferença sexual. O dispositivo de gênero em Tomás, é, segundo apresentei, a condição de possibilidade dos enunciados que se farão sobre a diferença sexual no século XVIII.

Condição de possibilidade não significa, de modo algum, a existência de uma cadeia causal direta entre a antropologia tomasiana e o discurso médico moderno. O que busco demonstrar é que, antes que um discurso sobre a sexualidade e o gênero se formulasse do ponto de vista morfológico, já havia um conjunto de enunciados ontológicos em que a "marca da diferença" já aparecia.

A antropologia tomasiana é androcentrada, isto é, é forjada na experiência do varão-homem. A mulher aparece no tratado da cosmologia e mesmo no primeiro momento da criação do gênero humano apenas na forma da ausência. A perfeição do ser humano é a perfeição do *vir*, princípio não apenas cronológico, mas ontológico da humanidade. Nele as potências e obras mais nobres se realizam, a saber, a vida intelectual e contemplativa. À mulher cumpre o papel de *adiutorium*, de mero auxílio, em uma área bem específica da vida humana: a reprodução.

Não obstante haja em Tomás um certo avanço em relação às teorias clássicas, já que a mulher deixa de ser considerada um macho falho – conceito que ainda se move no paradigma do sexo único –, a diferença sexual radical não representa uma melhoria concreta de sua condição. Ao contrário, fazendo uso do conceito de *oeconomica subiectio*, sujeição econômica ou dispositiva, Tomás entende a submissão das mulheres aos homens como em benefício das primeiras.

Não só a diferença sexual radical não representa um avanço concreto, como retira do campo da vida a possibilidade de mudança das condições das mulheres e de todos os outros sujeitos que não performam aquela masculinidade pretensamente universal do dispositivo. A diferença já não é resultado de processos sociais, ou psicológicos, ou ontológicos em sentido estrito. Na Q. 92 Art. 3, ao tratar do fato de a mulher ter sido produzida a partir da costela de Adão, Tomás coloca a diferença sexual no campo do preternatural, ou seja, fora da ordem natural.

Preternatural não significa sobrenatural em sentido estrito, muito menos antinatural, mas coloca o processo de subjetivação enquanto um sexo e um gênero fora da "ordem do dia". Se a submissão e a sujeição fazem parte da condição do ser mulher, pensada como o outro singular do universal homem, isso não poderia ser revisto, dado que é lançado no campo do metafísico e na ordem da graça. Se o Aquinate reconhece, na sua conciliação com a biologia aristotélica, que no caso particular uma mulher pode ser gerada devido a uma variação qualquer da matéria, "universalmente" a diferença é não apenas instituída na natureza, mas essa instituição presume a sujeição do corporal, do reprodutivo, do passivo, do feminino (e de tudo que a ele se assemelha) ao espiritual, ao intelectivo, ao ativo, ao masculino.

A diferença sexual e o dispositivo de gênero que ela compõe mostram-se não apenas como uma forma de dominação. É antes a sujeição paradigmática, como o próprio Tomás reconhece, ao afirmar que no ser humano o intelectual e o corpóreo deveriam estar mais bem separados, para que o segundo se sujeitasse ao primeiro, e para que o varão, produzido para a contemplação, não tivesse que se ocupar de atividades menos nobres.

Encontramo-nos aqui com a pressuposição linguística do dispositivo ontológico. Este simplesmente presume que o intelectual e o corpóreo são distintos – uma máquina bipolar – como sua própria constituição presume a submissão de um a outro. E, no que diz mais respeito ao objetivo da nossa pesquisa, a constituição da mulher como o outro do sujeito universal e a instituição da diferença sexual não apenas exemplificam a forma de ação do dispositivo ontológico, como são o seu paradigma.

Desobrar a máquina desde dentro, como desde o início deste trabalho venho dizendo, significa surpreender o enunciado no seu momento de constituição. Ao fazermos isso em Tomás, damo-nos conta de que, do ponto de vista estritamente filosófico, ele precisou recorrer a um ente metafísico místico, o Deus da teologia cristã, como um instituidor imediato da diferença. A cisão radical da subjetividade presume um sujeito já constituído que a cinda. As meras diferenças morfológicas, por sua vez, não garantem a cisão radical da sexualidade em um único dispositivo binário. É preciso recorrer ao ente metafísico místico como um sujeito já instituído-instituinte. Sem esse artifício a consolidação do sistema sexo/gênero não se sustenta. É preciso um dispositivo que capte a subjetividade em seu interior na forma da cisão.

Ser capaz de reconhecer esses dispositivos, ser capaz de citar a norma de maneira subversiva, contra ela mesma, são passos para tornar esse sistema inoperante.

REFERÊNCIAS

AGAMBEN, Giorgio. O que é um dispositivo? **Outra travessia**, Florianópolis: UFSC, n. 5, 2005. Disponível em: https://periodicos.ufsc.br/index.php/Outra/article/view/12576/11743. Acesso em: 1 jun. 2021.

AGAMBEN, Giorgio. **Profanações.** São Paulo: Boitempo, 2007. 95 p.

AGAMBEN, Giorgio. **Homo sacer.** O poder soberano e a vida nua I. 2. ed. Belo Horizonte: Editora UFMG, 2010. 197 p.

AGAMBEN, Giorgio. **O reino e a glória.** Uma genealogia teológica da economia e do governo. Homo sacer, II, 2. São Paulo: Boitempo, 2011. 318 p.

AGAMBEN, Giorgio. **O uso dos corpos**. Homo Sacer IV, II. São Paulo: Boitempo, 2017. 324 p.

AGAMBEN, Giorgio. **Signatura Rerum**. Sobre o método. São Paulo: Boitempo, 2019. 175 p.

AGOSTINHO. **A cidade de Deus. Contra os pagãos.** Parte II. Petrópolis, RJ: Vozes, 2012. 695 p.

AQUINO, Tomás de. **Suma teológica. Primeira Parte**. Vol. I. São Paulo: Edições Loyola, 2001. 693 p.

AQUINO, Tomás de. **Suma Teológica. Primeira Parte.** Vol. II. São Paulo: Edições Loyola, 2001. 894 p.

AQUINO, Tomás de. **A unidade do intelecto, contra os averroístas**. São Paulo: Paulus, 2016. 77 p.

ARMOUR, Ellen T.; ST. VILLE, Susan M. **Bodily citations. Judith Butler and religion**. New York: Columbia University Press, 2006. 311 p.

BÍBLIA de Jerusalém. São Paulo: Paulus, 2002. 2206 p.

BIBLIA Vulgata. Madrid: Biblioteca de Autores Cristianos, 2002. 1255 p.

BIRMAN, Joel. **Gramáticas do erotismo**. A feminilidade e suas formas de subjetivação em psicanálise. 2. ed. Rio de Janeiro: Civilização Brasileira, 2016. 253 p.

BRÜSEKE, Franz Josef. **O dispositivo técnico**. Heidegger, Foucault, Deleuze, Agamben. Florianópolis: UFSC, 2017. Disponível em: https://blogdolabemus.com/2017/10/10/o-dispositivo-tecnico-heidegger-foucault-deleuze-agamben-por-franz-j-bruseke/. Acesso em: 15 jun. 2021.

BUTERA, Giusepe. Thomas Aquinas and Cognitive Therapy. An Exploration of the Promise of the Thomistic Psychology. **Philosophy, Psychiatry, & Psychology**, Baltimore: The John Hopkins University Press, v. 17, n. 4, p. 347-366, dez. 2010.

BUTLER, Judith. **Problemas de gênero. Feminismo e subversão da identidade**. 8. ed. Rio de Janeiro: Civilização Brasileira, 2015. 287 p.

BUTLER, Judith. **A vida psíquica do poder. Teorias da sujeição**. Belo Horizonte: Autêntica Editora, 2017. 206 p.

BUTLER, Judith. **Quadros de guerra. Quando a vida é passível de luto**. 4. ed. Rio de Janeiro: Civilização Brasileira, 2018. 287 p.

BUTLER, Judith. **Corpos em aliança e a política das ruas. Notas para uma teoria performativa da assembleia**. Rio de Janeiro: Civilização Brasileira, 2018a. 264 p.

BUTLER, Judith. **Corpos que importam. Os limites discursivos do "sexo"**. São Paulo: N-1 Edições; Crocodilo Edições, 2019. 399 p.

CÂNDIDO, Edinei da Rosa. São Gregório Nazianzeno sobre a mulher. **Cadernos Patrísticos – Textos e estudos**, Florianópolis: FACASC, v. 6, n. 11, p. 15-272, nov. 2012.

CASTRO, Edgardo. **Introdução a Giorgio Agamben.** Uma arqueologia da potência. Belo Horizonte: Autêntica Editora, 2012.

CASTRO, Susana de. Feminismo decolonial. **Princípios, Revista de Filosofia**, Natal, v. 27, n. 52, p. 213-2020, jan./abr. 2020.

CHOUINARD, I.; MCCOUNAGHEY, Z.; RAMOS, A. M.; NOËL, R. (org.). **Women's perspectives in ancient and medieval philosophy.** Los Angeles: Springer, 2021. 357 p.

CONNEL, Raewin; PEARSE, Rebecca. **Gênero.** Uma perspectiva global. 3. ed. São Paulo: nVersos, 2015. 325 p.

CUNHA, Mariana Paolozzi Sérvulo da. Rupturas incoativas com o mundo greco-romano. O surgimento de um novo tipo de mulher. *In*: CÂNDIDO, Edinei da Rosa (org.). A mulher na Antiguidade cristã. **Cadernos Patrísticos** – Textos e Estudos, v. 7, n. 13. Florianópolis: FACASC, 2013. p. 309-313.

FEDERICI, Silvia. **Calibã e a bruxa. Mulheres, corpo e acumulação primitiva**. São Paulo: Elefante, 2017. 460 p.

FRANCHI, Roberta. Gerolamo e le donne. Tipologie e ritratti femminili. *In*: CÂNDIDO, Edinei da Rosa (org.). A mulher na Antiguidade cristã. **Cadernos Patrísticos** – Textos e Estudos, v. 7, n. 13. Florianópolis: FACASC, 2013. p. 81-100.

FOUCAULT, Michel. **A arqueologia do saber**. 7. ed. Rio de Janeiro: Forense Universitária, 2008. 236 p.

GARDEIL, Henri-Dominique. **Iniciação** à **filosofia de Santo Tomás de Aquino.** Vol. 3, Psicologia. São Paulo: Duas Cidades, 1967. 234 p.

GILSON, Étienne. **Por que São Tomás criticou Santo Agostinho. Avicena e o Ponto de partida de Duns Escoto**. São Paulo: Paulus, 2010. 183 p.

IRIGARAY, Luce. A questão do outro. **Labrys, estudos feministas**, n. 1-2, jul./dez. 2002.

JESUS, Ana Márcia Guilhermina de; OLIVEIRA, José Lisboa Moreira de. **Teologia do Prazer.** São Paulo: Paulus, 2014. 221 p.

JOSAPHAT, Carlos. **Paradigma teológico de Tomás de Aquino**. São Paulo: Paulus, 2012. 886 p.

KIBUUKA, Brian. **A Torá comentada.** São Paulo: Fonte Editorial, 2010.

LAQUEUR, Thomas. **Inventando o sexo. Corpo e gênero dos gregos a Freud**. Rio de Janeiro: Relume Dumará, 2001. 313 p.

LUGONES, María. Colonialidad y género. Hacia un feminismo descolonial. *In*: MIGNOLO, Walter (org.). **Género y descolonialidad**. Buenos Aires: Del Signo, 2008. 122 p.

MISKOLCI, Richard. A teoria *queer* e a sociologia. Desafio de uma analítica da normalização. **Sociologias**, Porto Alegre, ano 11, n. 21, p. 150-182, jan./jun. 2009.

NASCIMENTO, Carlos Arthur Ribeiro do. **Um mestre no ofício.** Tomás de Aquino. 2. ed. São Paulo: Paulus: 2011. 116 p.

NASCIMENTO, Carlos Arthur Ribeiro do. Avicena, Tomás de Aquino e Duns Scot. **Cognitio**, São Paulo, v. 6, n. 1, p. 56- 60, jan./jul. 2005. Disponível em: https://revistas.pucsp.br/cognitiofilosofia/article/view/13622. Acesso em: 15 dez. 2021.

NASCIMENTO, Carlos Arthur Ribeiro do. A matriz agostiniana e o século XII. **Scintilla**, Curitiba, v. 14, n. 2, p. 39-66, jul./dez. 2017. Disponível em: https://scintilla.fae.emnuvens.com.br/scintilla/article/view/45/36. Acesso em: 15 dez. 2021.

NASCIMENTO, Carlos Arthur Ribeiro do. Tomás de Aquino e a Metafísica. **Revista Filosófica de Coimbra**, Coimbra n. 52, p. 233-254, 2017. Disponível em: https://impactum-journals.uc.pt/rfc/article/view/0872-0851_52_1/6372. Acesso em: 15 dez. 2021.

PANNEBERG, Wolfhart. **Filosofia e teologia.** Tensões e convergências de uma busca comum. São Paulo: Paulinas, 2008.

PRECIADO, Paul B. **Manifesto contrassexual. Práticas subversivas de identidade sexual**. 2. ed. São Paulo: n-1 Edições, 2017. 221 p.

PRINZIVALLI, Emanuela. Pressuposti per una patristica di genere. *In*: CÂNDIDO, Edinei da Rosa (org.). A mulher na Antiguidade cristã. **Cadernos Patrísticos** – Textos e Estudos, v. 7, n. 13. Florianópolis: FACASC, 2013. p. 139-162.

RANKE-HEINEMANN, Uta. **Eunucos pelo Reino de Deus.** Igreja Católica e sexualidade – De Jesus a Bento XVI. 5. ed. Rio de Janeiro: Rosa dos Tempos, 2019.

REIMER, Ivoni Richter. **Grava-me como selo sobre teu coração**. Teologia bíblica feminista. São Paulo: Paulinas, 2005. 131 p.

SCHMIDT, A. R.; SECCO, G. D.; ZANUZZI, I. (org.). **Vozes femininas na filosofia**. Porto Alegre: Editora UFRGS, 2018. 216 p.

SKA, Jean Louis. **Introduzione alla lettura del Pentateuco**. Chiavi per l'interpretazione dei primi cinque libri della Bibbia. Napoli: EDB, 2000. 315 p.

SOUZA NUNES, Marcus Vinicius de. A psicologia de Tomás de Aquino como teoria da aprendizagem. *In*: JORNADA DE ESTUDOS ANTIGOS E MEDIEVAIS. Política, Cultura, Religião e Religiosidade: Projetos Educacionais na Antiguidade e no Medievo, 19., 2020, Maringá. **Anais** [...]. Maringá: JEAM, 2020. p. 70-81.

SOUZA NUNES, Marcus Vinicius de; ARTUSO, Vicente. A antropogênese entre a teologia e a ontologia. Dispositivo ontológico e forma-de-vida. **Estudos Teológicos**, São Leopoldo: EST, v. 59, n. 2, p. 459-472, jul./dez. 2019.

WILLIAMS, James. **Pós-Estruturalismo**. 2. ed. Petrópolis, RJ: Vozes, 2019. 255 p.

WOLFF, Hans Walter. **Antropologia do Antigo Testamento.** São Paulo: Editora Hagnos, 2008. 431 p.